JN109589

特別支援教育のエッセンス

視覚障害教育
の基本と実践

宍戸和成・古川勝也・徳永 豊【監修】

小林秀之・澤田真弓【編】

慶應義塾大学出版会

「特別支援教育のエッセンス」の刊行にあたって

　令和の日本型学校教育のキーワードは、中央教育審議会答申（令和3年）に謳われているとおり「個別最適な学び」と「協働的な学び」の実現です。個別の指導計画を踏まえた授業づくりの実践を長年積み重ねて来た特別支援教育は、学校教育において、その果たすべき役割がますます大きくなりつつあります。そのため、特別支援教育を担う「教師の専門性」の向上や大学等における教員の養成などの充実は、教育の喫緊の課題になっています。

　このような中で、「特別支援教育のエッセンス」として、視覚障害教育、聴覚障害教育、知的障害教育、肢体不自由教育、自閉スペクトラム症教育における教育的営みの「基本と実践」をまとめたシリーズを刊行することになりました。「特別支援教育」全般に関する概論的書籍を目にすることは多いのですが、障害種ごとの各分野において、基本的な知識を得られるとともに実践的な学びをもたらす書籍が求められている状況です。

　慶應義塾大学出版会から刊行されている『視覚障害教育に携わる方のために』と『肢体不自由教育の基本とその展開』は、その構成と内容が評価され、版を重ねてきました。しかしながら、それぞれ初版から15年以上が経過しており、この間にカリキュラムマネジメントや教育課程の見直し、授業づくりなど特別支援教育を取り巻く状況は大きく変化しています。

　そこで、本シリーズ「特別支援教育のエッセンス」を企画しました。そのポイントは、以下のとおりです。
① 　障害種ごとに1冊ずつ完結させることで、内容や範囲を把握しやすく、学びやすくすること。
② 　学校現場の悩みや戸惑いに対応し、学校現場の困りごとに対する解決の方向性を示すものとすること。

③　学生（教員免許状取得希望者、特別支援学校教諭免許状取得希望者）と、さらには特別支援学校教師、特に新任者を主に対象とした内容とし、研修や講義で使用しやすい章構成とすること。

④　これまでの教育実践を踏まえて、オーソドックスな内容とし、教育の「基本」に徹すること。

⑤　ICT 活用や合理的配慮、キャリア支援など、今日的な課題に対応した内容とすること。

⑥　特別支援教育を担当する教師だけでなく、家族や支援を行う専門職へも有益な内容を盛り込んでいること。

　また、このような教科書に準じた書籍として、特別支援教育の各障害について、その内容をとりそろえたシリーズとすることにしました。構成や内容の確かさを高めるために、各巻の編者及び執筆者は、実践につながる内容を重視しつつ、適切な情報を提供するため、一部、独立行政法人国立特別支援教育総合研究所の関係者の協力を得ることにしました。

　この「特別支援教育のエッセンス」が、特別支援教育を担う「教師の専門性」の向上と大学等における教員の養成などの充実につながることを期待します。特別支援教育に携わる教師が、各障害分野の基本を身に付け、日々の授業に安心感と充実感をもって取り組み、その結果として、子どものよりよい学びにつながることを願います。そして、それぞれの学校において、実践に悩みや戸惑いを覚える教師の背中をそっと支えるエッセンスになればと考えます。

　最後になりましたが、このエッセンスの出版に際して援助いただきました慶應義塾大学出版会、また企画から編集まで幅広く支援していただいた慶應義塾大学出版会の故西岡利延子氏、そして関係する出版会スタッフの方々に心から感謝申し上げます。

2022 年 11 月

宍戸和成・古川勝也・徳永　豊

はじめに

　本書は、「特別支援教育の基本とエッセンス」のシリーズの一冊として、視覚障害教育の基本と実践をまとめたものです。

　わが国の障害児教育は、2007 年に特殊教育から特別支援教育に移行しました。さらに、2014 年に障害者の権利に関する条約を批准する流れのなかで、2013 年には障害者差別解消法が制定され、差別の禁止や合理的配慮の提供が義務づけられることになりました。同年の学校教育法施行令の改正では、就学基準に該当する障害のある児童生徒は原則特別支援学校に就学するという制度を改め、本人・保護者の意向を最大限尊重し、障害の状態等を踏まえた総合的な観点から就学先を決定するという仕組みや柔軟な転学に関する規定などが示されることになりました。

　この流れのなかでインクルーシブ教育システム構築に向けた体制の整備が進むことにより、障害のある児童生徒の就学は、確実に小学校や中学校に拡大し始めています。当然、視覚障害に関しても同様の傾向があります。ここで、各種統計資料が集めやすい 2019 年度で確認してみます。全国盲学校長会の調査によると、同年度の特別支援学校（視覚障害）の小・中学部に在籍している児童生徒数は 1,055 人でした。一方で、文部科学省の調査から、同年に弱視特別支援学級に在籍する児童生徒数は 627 人、通級による指導（弱視）を受けている児童生徒数は 222 人、加えて学校教育法施行令第 22 条の 3 に規定する視覚障害の程度に該当し、弱視特別支援学級に在籍している児童生徒数は 204 人、通常の学級に在籍している児童生徒数は 142 人（うち通級による指導を受けている児童生徒数 26 人）でした。このことからも、視覚障害児の学びの場は、特別支援学校（視覚障害）に留まらず広く小学校や中学校に拡大していることは間違いありません。

ところで、視覚障害は低発生障害と言われることもあります。教員養成に関しても、1998年以前は盲学校教諭免許状（現、特別支援学校教諭免許状（視覚障害））を取得できる大学は全国で3校しかありませんでした。その後に少しずつ増加していますが、大学院も含めて2022年度では10校を下回る程度しか教員養成は行われていません。この状況の下、教育職員免許法認定講習や学内外の研究会や研修会により、視覚障害教育の専門性が引き継がれてきました。また、これらの公的な研修の場に加えて特別支援学校（視覚障害）では先輩の教員から後輩へと、その専門性が日々の教育実践のなかで継承されてきたという側面もあります。

　本書では、先達たちが積み上げてきた視覚障害教育に携わるうえで必要となる基礎的基本的な事項、まさに「エッセンス」を中心に整理しました。これから視覚障害教育について学ぶ学生をはじめ、初任の先生や異動により初めて視覚障害教育に携わる先生、さらには、ベテランの先生においても、自身の専門性を再確認するために本書に目を通していただければと願っております。本書が多くの関係者に活用され、視覚障害教育の理解が深まれば幸いです。

2022年11月

小林秀之・澤田真弓

目　次

「特別支援教育のエッセンス」の刊行にあたって　i
はじめに　iii

第1章　視覚障害教育の現状と歴史　1
　1　視覚障害教育の変遷　1
　2　視覚障害教育の現状と課題　4
　　（1）特別支援学校（視覚障害）　5
　　（2）弱視特別支援学級　10
　　（3）通級による指導（弱視）　11
　　（4）通常の学級　11
　　（5）視覚障害教育をめぐる課題　12
　　（6）地域の視覚障害教育の拠点としての特別支援学校（視覚障害）の
　　　　役割　16

第2章　視覚障害児の理解の基本　19
　1　視覚障害の基礎知識　19
　　（1）視覚という感覚　19
　　（2）視覚器の構造と視覚伝導路　20
　　（3）眼の発生　22
　　（4）視機能について　23
　　（5）視覚障害とは　28
　2　主な眼疾患と教育的対応　28
　　（1）視覚障害の主な原因疾患　28
　　（2）主な疾患と配慮点　30
　3　視覚障害のある子どもの実態把握の視点　32
　　（1）視覚の活用状況の把握　32
　　（2）触覚の活用状況の把握　33
　　（3）聴覚の活用状況の把握　34
　　（4）概念形成の状況の把握　34
　　（5）心理検査の活用　35

第3章　教育課程と視覚障害特別支援学校における配慮事項　37
　1　視覚障害のある児童生徒の就学先の決定の仕組み　37
　2　それぞれの学びの場と教育課程　38

（1）盲学校　38
（2）弱視特別支援学級　41
（3）通級による指導（弱視）　41
（4）通常の学級　42
3　指導計画の作成や教育課程の実施における指導上の配慮　43
（1）小学部・中学部における配慮事項　44
（2）高等部における配慮事項　47

第4章　視覚障害教育における教材・教具　53
1　視覚障害教育で用いられる教科書について　53
（1）点字教科書　53
（2）拡大教科書　54
（3）デジタル教科書　56
2　点字関係　57
（1）点字盤　57
（2）点字タイプライター　58
3　触図　59
（1）立体コピー　59
（2）サーモフォーム　59
（3）表面作図器　60
（4）点図　60
4　視覚補助具　60
（1）弱視レンズ　60
（2）拡大読書器　62
5　視覚障害児の学習を支える教材・教具　63
（1）感光器　63
（2）触読用ものさし　63
（3）作図器セット　64
（4）視覚障害者用そろばん　64
6　弱視児用の教材・教具の工夫　65
（1）弱視用ノート　65
（2）作図器について　67
（3）改良の工夫　68

第5章　視覚障害教育における自立活動の基本と指導　71
1　自立活動とは　71
（1）自立活動の目標　71
（2）自立活動の内容　72
（3）自立活動の具体的な指導内容　73

2 個別の指導計画の作成と授業時数について　76
　(1) 個別の指導計画の作成上の配慮　76
　(2) 実態把握について　76
　(3) 自立活動の授業時数　79
3 自立活動の実際　82
　(1) 弱視レンズ活用指導について　82
　(2) 弱視レンズ活用指導の実際　83

第6章　点字指導と歩行指導　91
1 点字指導の基本　91
　(1) 点字の歴史　91
　(2) 点字の特徴　92
　(3) 点字の仕組みと表記　93
2 点字指導の実際　94
　(1) 点字習得に必要となる力　94
　(2) 点字の読み書きの指導　96
3 歩行指導の基本　99
　(1) 歩行指導の種類　100
　(2) 教育課程上の位置づけ　100
　(3) 歩行指導の指導者　100
4 歩行指導の実際　101
　(1) 歩行に必要な基礎的な資質・能力　101
　(2) 教室内や校舎内の移動　102
　(3) ガイド歩行　103
　(4) 歩行地図の指導　105
　(5) 白杖を用いた歩行　105

第7章　視覚障害教育における情報機器の活用　111
1 情報機器を活用する意義　111
2 情報機器を用いた指導のポイントと配慮事項　114
3 情報機器の具体例と活用方法　116
　(1) 点字の読み書きを支援する情報機器　116
　(2) 触図や触覚教材の作成を支援する情報機器　118
　(3) 見ることを支援する情報機器　120
　(4) 文字の読み書きを支援する情報機器　121
　(5) コンピュータ操作を支援する情報機器　123
　(6) デジタル教科書　125
　(7) スマートフォンやタブレット　126
　(8) Web 会議システム　126

第8章　視覚障害のある重複障害児の指導　129
　　1　重複障害のある児童生徒等とは　129
　　2　視覚に障害のある重複障害児童生徒等の現状と課題　130
　　3　実態把握の方法　132
　　　（1）視覚障害を伴う重複障害教育の考え方　132
　　　（2）実態把握の実際　133
　　4　個別の指導計画作成や活用の方法　136
　　5　指導の実際　137
　　　（1）応答関係の形成　138
　　　（2）探索活動の促進　138
　　　（3）概念形成　139
　　6　盲ろうの子どもたちの理解と指導　141
　　　（1）盲ろうとは　141
　　　（2）盲ろう教育の現状と課題　142
　　　（3）盲ろうの主な原因　143
　　　（4）盲ろうの子どもたちの実態把握と指導　144

第9章　乳幼児期における指導　147
　　1　視覚に障害のある子どもの発達を規定する要因の整理　147
　　　（1）1次的要因と2次的要因　147
　　　（2）視覚障害から発生する2次的要因　147
　　　（3）早期教育の重要性　149
　　2　発達支援のポイント　150
　　　（1）体験をとおして学ぶことの重要さ　150
　　　（2）環境を整える際のポイント　153
　　3　保護者への支援　155
　　　（1）求められる支援　155
　　　（2）保護者同士のつながり　158
　　4　幼稚部・幼稚園等での指導　158
　　　（1）特に留意する事項　158
　　　（2）各領域での留意点　159
　　5　小学校等への接続　163

第10章　視覚障害に係わる職業と福祉制度　165
　　1　視覚障害者の職業自立と支援のあゆみ　166
　　　（1）伝統的な職業と職業教育の歴史　166
　　　（2）視覚障害者の福祉支援と盲学校における職業教育の歩み　167
　　2　視覚障害者の職業と就労支援　169

　　　（1）視覚障害者の雇用の促進と法整備　169
　　　（2）視覚障害者と理療業界の変遷　170
　　　（3）視覚障害者の職域拡大をめぐる動向　172
　3　特別支援学校（視覚障害）におけるキャリア教育　173
　　　（1）学習指導要領におけるキャリア教育の位置づけ　173
　　　（2）特別支援学校（視覚障害）高等部におけるキャリア教育の実際　174
　　　（3）卒業後の進路状況　175
　4　視覚障害者に対する福祉サービス　176
　　　（1）居宅で訪問や通所により利用可能なサービス　177
　　　（2）入所施設を利用するサービス　177
　　　（3）補装具費の支給　177
　　　（4）地域生活支援事業　178
　　　（5）福祉サービスの課題　178

　索引　181

第 1 章

視覚障害教育の現状と歴史

　本章では、わが国の視覚障害教育について、学校教育として開始された明治期から現在に至るまでの主な変遷について概観します。そして、現在の視覚障害のある児童生徒等の学校教育をめぐる状況や課題について、様々な教育制度の動向を踏まえながらみていきます。

① 視覚障害教育の変遷

　わが国における組織的な視覚障害教育の開始は、明治期に入ってからでした。それ以前の教育は、当道座や瞽女（ごぜ）、盲僧等の職能組織をもった盲人の間で、琵琶、三味線、琴等の音曲や鍼治（しんじ）、按摩等が徒弟的な教育によって伝授されていました。また、江戸時代には、各地の寺子屋で視覚障害者も教育を受ける例があったようです。

　さて、明治期に入り、海外の特殊教育事情がわが国にもたらされ、盲児のための教育施設や凸字や点字の触読法、職業教育等が紹介されました[1]。そして、1871（明治4）年9月に山尾庸三の「盲唖学校ヲ設立セラレンコトヲ乞ウノ書」が太政官に提出されるなど盲唖学校設立の運動が展開されていきました（表1-1）。1872年には学制が頒布され、その中には、学校の種類のひとつとして「此外廃人学校アルヘシ」の記述がみられます。その後、1878（明治11）年、古河太四郎らによる「京都盲唖院」（現在の京都府立盲学校）が創設されました。次いで、英国人宣教師フォールズらの文明開化を推進した当時有数の知識人によって結成された楽善会が1880（明治13）年、東京に「楽善会訓盲院」（現在の筑波大学附属視覚特別支援学校）を設立しました。こ

1

表1-1　視覚障害教育関連の主な出来事

年	出来事
1871年 （明治4）	山尾庸三「盲唖学校ヲ設立セラレンコトヲ乞ウノ書」太政官に提出（盲唖学校設立に関する建白書等具体的な運動が展開）
1872年（明治5）	学制頒布（学校の種類のひとつとして「此外廃人学校アルヘシ」の記述あり）
1878年（明治11）	古河太四郎ら「京都盲唖院」（現在の京都府立盲学校）設立
1880年 （明治13）	宣教師フォールズらの楽善会が東京に「楽善会訓盲院」（現在の筑波大学附属視覚特別支援学校）設立
1890年（明治23）	石川倉次「日本点字」翻案
1923年（大正12）	「盲学校及聾唖学校令」が公布（道府県による盲学校および聾唖学校の設置義務を明文化）
1933年（昭和8）	東京市麻布区南山尋常小学校に視力保存学級開設
1947年（昭和22）	「教育基本法」および「学校教育法」が公布
1948年 （昭和23）	「中学校の就学義務並びに盲学校及び聾学校の就学義務及び設置義務に関する政令」が施行 盲学校と聾学校の小学部における義務制が学年進行により始まる
1954年（昭和29）	盲学校と聾学校の中学部における義務制が学年進行により始まる
1963年（昭和38）	大阪市立本田小学校に弱視学級開設
1979年（昭和54）	養護学校の義務制始まる
1993年 （平成5）	「通級による指導」が始まる あん摩・マッサージ・指圧師・はり師・きゅう師の資格試験が国家試験へ移行
2005年（平成17）	「特別支援教育を推進するための制度の在り方について（答申）」
2006年（平成18）	「障害者の権利に関する条約」国連総会において採択
2007年 （平成19）	4月から「特殊教育」から「特別支援教育」への移行 「特別支援教育の推進について」文部科学省初等中等教育局長通知 （特別支援教育が法的に位置付けられた改正学校教育法が施行されるに当たり、基本的な考え方、留意事項等をまとめて示したもの） 「障害者の権利に関する条約」に署名
2008年 （平成20）	「障害のある児童及び生徒のための教科用特定図書等の普及の促進等に関する法律」（教科書バリアフリー法）制定
2011年（平成23）	障害者基本法の改正
2012年 （平成24）	中央教育審議会「共生社会の形成に向けたインクルーシブ教育システム構築のための特別支援教育の推進（報告）」 （インクルーシブ教育システム構築に向けた考え方、取組の方向性を示す）
2013年 （平成25）	「障害を理由とする差別の解消の推進に関する法律（障害者差別解消法）」制定（平成28年4月1日施行） 学校教育法施行令改正（障害のある児童生徒等の就学先決定の仕組みの改正）（平成25年9月1日施行）
2014年（平成26）	「障害者の権利に関する条約」批准、同年2月発効
2017年 （平成29）	幼稚園教育要領、小学校・中学校学習指導要領改訂（「特別支援教育」についてこれまで以上に記載） 特別支援学校幼稚部教育要領、小学部・中学部学習指導要領改訂
2018年（平成30）	高等学校における通級による指導開始
2019年 （令和元）	特別支援学校高等部学習指導要領改訂 「視覚障害者等の読書環境の整備の推進に関する法律」（読書バリアフリー法）施行

出典：文献1）を元に筆者作成。

れ以降、明治から大正にかけて、多くの盲学校の前身が全国各地で設立されています。

　さて、ここで日本における点字の導入についてふれておきましょう。京都盲唖院、楽善会訓盲院も点字がない教育から始まりました。当時の文字の指導では、紙をよって文字を表した「こより文字」、ろう盤にへらで文字を表した「ろう盤文字」、瓦片に文字を浮き出させた「瓦文字（陶器文字）」、木板などに文字を浮き上がらせる「凸字」などで行われていました。しかし、それらの使用は、読むのに時間がかかり、視覚障害者自身で書くことのできる文字ではありませんでした。

　点字は、1825年、フランス人で自身も視覚障害者であったルイ・ブライユ（Louis Braille 1809-1852）によって創案された文字です。日本では、1890（明治23）年に東京盲唖学校の教員石川倉次が、ルイ・ブライユが考案した6点点字を基に日本語に翻案し、全国を回り点字を広めました。盲人にとって自由に読み書きできる文字が獲得されたのです。

　では次に、視覚障害教育の義務制についてみていきましょう。1923（大正12）年には、道府県による盲学校及び聾唖学校の設置義務を明文化した「盲学校及聾唖学校令」が公布されました。ここには、盲学校、聾学校における教育目標として、普通教育とともに生活に必要な知識・技能を授ける職業教育を行うことが記載されています。

　戦後、1947（昭和22）年に「教育基本法」及び「学校教育法」が公布されると、盲学校、聾学校、養護学校の設立、さらには小学部と中学部の義務化に関する構想が打ち出されました。翌1948年には「中学校の就学義務並びに盲学校及び聾学校の就学義務及び設置義務に関する政令」が施行されました。このことにより、養護学校よりも先に、盲学校と聾学校の小学部における義務制が学年進行により始まり、盲学校と聾学校の中学部については、1954（昭和29）年に義務制が学年進行により始まったのです。そして、養護学校の義務制は、四半世紀後の1979（昭和54）年に始まりました。

　視覚障害教育は、創始以来、盲教育を中心として発展していきましたが、「弱視教育」についてはどうだったのでしょうか。

　わが国の弱視教育は、1933（昭和8）年に東京市麻布区の南山小学校に設

置された「視力保存学級」がその先駆けとされています。ここでの教育は、弱視児の残存視力を保存するための保護教育が第1の目標でした。第二次世界大戦後、各地の盲学校の中で弱視教育が取り組まれ、視力保存よりむしろ視力の有効な活用に重点が置かれるようになりました。そして、小学校や中学校での弱視教育の必要性の動きもあり、1963（昭和38）年、大阪市立本田小学校に弱視学級が開設されました。その後、各地の小学校や中学校内に弱視学級が開設され、次第に数を増やしていきました。

　一方、弱視学級の増加と相反して、昭和50年代（1975年以降）あたりからの全国の盲学校在籍児童生徒数の減少傾向は著しくなり、全国盲学校長会での大きな課題となってきました。

　このような状況のなか、時代は平成に入り、盲学校に児童生徒等を集めて教育するという方策のみならず、盲学校がこれまで地域の視覚障害児童生徒等に対し、教育相談などを通して様々な支援を行ってきたという実績を踏まえて、地域支援の拠点校としての役割を積極的に打ち出していくべきだという「盲学校のセンター化構想」が台頭してきました。

　そして、1993（平成5）年4月には、通常の学級に籍を置き、一部特別の指導を行う「通級による指導」が制度化されました。これを機に盲学校の地域のセンター化の方向も加速され、盲学校が核となり、地域の弱視学級や弱視通級指導教室との連携を深めるところがみられるようになりました。

　また、平成は、障害のある子どもたちの教育において大きな変革が加速度的に行われた時代といえるでしょう。わが国は共生社会の形成に向けて動き出し、「特殊教育」から「特別支援教育」への移行や「インクルーシブ教育システム」の推進に向け、様々な制度改革が行われてきました。このような流れの中での視覚障害教育の状況やそこから出されてきた課題等については、次節で言及していきます。

② 視覚障害教育の現状と課題

　視覚障害のある児童生徒等の学びの場としては、特別支援学校（視覚障害）、弱視特別支援学級、通級による指導（弱視）、通常の学級があります。それ

それの学びの場の現状と課題について、特別支援教育をめぐる動向を踏まえながらみていきましょう。

（1）特別支援学校（視覚障害）

特別支援学校（視覚障害）の対象となるのは、「両眼の視力がおおむね0.3未満のもの又は視力以外の視機能障害が高度のもののうち、拡大鏡等の使用によっても通常の文字、図形等の視覚による認識が不可能又は著しく困難な程度のもの」（学校教育法施行令22条の3）とされています。

特別支援学校（視覚障害）には、幼稚部、小学部、中学部、高等部（専攻科を含む）を設置することができるようになっており、そこでは、視覚障害に配慮した環境で、視覚障害に対応した指導法と教材・教具を用いて専門的な教育が行われています。特に高等部には、普通科のほかに理療科などの職業教育が行われています。また、多くの特別支援学校（視覚障害）では、通学が困難な児童生徒等のために寄宿舎が設けられています。

2021（令和3）年の時点で、全国盲学校長会に加盟している特別支援学校（視覚障害）は、全国に67校（国立1、都道府県立63、市立2、私立1）あり、2,366人の児童生徒等が在籍しています[2]。図1－1に全国67校の設置状況を示します。都道府県内に複数校設置しているのは、10都道府県であり、1県1校の設置が37県です。また、視覚障害以外の障害種に対応する学校が5校あります。これは、2007（平成19）年4月1日の学校教育法の改正で、盲・聾・養護学校の制度を、複数の障害種を教育の対象とすることが可能となる学校制度である「特別支援学校」に転換されたことによります。

ところで、視覚障害のある子どもたちを教育する特別支援学校（視覚障害）の名称ですが、現在、盲学校、視覚特別支援学校、視覚支援学校などの名称が混在しています。これは、前述の2007（平成19）年4月1日の学校教育法の改正に伴い、盲学校、聾学校、養護学校は「特別支援学校」になりましたが、学校名については、「特定の障害種別に対応した教育を専ら行う特別支援学校とする場合」については、盲学校、聾学校、養護学校の名称を用いることができるという通知（2006［平成18］年7月18日付事務次官通知）が出されているからです。これまでどおり盲学校の名称を用いている学校は

令和3年5月現在（全盲長加盟校）67校

- 　複数校ある都道府県（数字は学校数）
- 1県1校　37校
- 複数障害種に対応する学校　5校
　東京都立久我山青光学園（視・知）
　神奈川県立相模原中央支援学校（視・聴・知・肢）
　富山県立富山視覚総合支援学校（視・病）
　山口県立下関南総合支援学校（全障害種）
　福岡県立柳河特別支援学校（視・肢・病）

| | | | | | | | 北海道 | 4 |

					青森	2
					秋田	岩手
					山形	宮城

| 石川 | 富山 | 新潟 | 福島 |

				福井		長野	2	群馬	栃木	茨城
長崎	佐賀	福岡 4		島根	鳥取				埼玉
		大分	山口	広島	岡山	兵庫 2	京都	滋賀	岐阜			山梨	東京 5	千葉
	熊本	宮崎				大阪 2	奈良		三重	愛知 2	静岡 3	神奈川 4
沖縄	鹿児島		愛媛	香川		和歌山						
			高知	徳島								

図1-1　全国の特別支援学校（視覚障害）一覧

出典：文献2）を元に筆者作成。

2022（令和4）年現在40校あります。

　さて近年、特別支援学校（視覚障害）においては、児童生徒数の減少と障害の重度・重複化、多様化が進んでいます。全国盲学校長会では毎年度、特別支援学校（視覚障害）に在籍している児童生徒等の人数や学級数等を調査しています。それを元に在籍者数の推移を表したのが図1-2です。

　図1-2では、2005〜2021（平成17〜令和3）年度までの在籍者数の推移を示しましたが、それ以前、1959（昭和34）年度の10,264人をピークに在籍者数が減少し続けています。地域差も大きく、人口の少ない県では学年集団が形成できない場合が多くなっています。

1）特殊教育から特別支援教育へ

　図1-2に示した期間は、特に障害のある子どもたちをめぐる施策で大きな動きがあった時期です。まず、2005（平成17）年12月には、「特別支援教

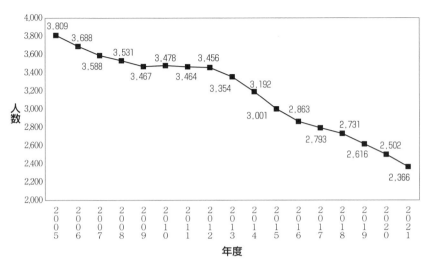

図 1 - 2　特別支援学校（視覚障害）の在籍者数の推移（各年度 5 月 1 日）

出典：文献 2) を元に筆者作成。

育を推進するための制度の在り方について（答申）」が取りまとめられました。この答申では、特別支援教育の理念と基本的な考え方、特別支援学校の制度への転換、小・中学校における制度的見直し、特別支援学校の教員免許制度等についての提言がなされました。この答申に基づき、学校教育法の改正により、2007 年 4 月から、特別な教育の場において行う「特殊教育」から、どのような教育の場においてもその子どものニーズに応じた教育を提供していく「特別支援教育」へ移行したのです。

2）障害者の権利に関する条約と国内法の整備

また、2007（平成 19）年 9 月に、わが国は「障害者の権利に関する条約」[3]に署名し、本条約を 2014 年 1 月に批准、同年 2 月に発効しました。この間、2011（平成 23）年に障害者基本法の改正、2013 年には、障害を理由とする差別の解消の推進に関する法律（いわゆる「障害者差別解消法」）が制定されるなど、障害者に関する一連の国内法の整備が行われました。

では、「障害者の権利に関する条約」とは、どのようなものなのでしょうか。本条約は、障害者の権利や基本的自由の享有を確保し、障害者の固有の尊厳の尊重を促進するため、障害者の権利を実現するための措置等を規定し

ています。本条約の締結により、わが国においては、共生社会の実現に向けて、障害者の権利の保障に関する取組みが一層強化されることとなりました。

本条約の 24 条には教育について述べられており、特に「インクルーシブ教育システム」（inclusive education system）の構築について言及されています。インクルーシブ教育システムとは、人間の多様性の尊重等の強化、障害者が精神的及び身体的な能力等を最大限に発揮して、自由な社会に効果的に参加することを可能とするとの目的のもと、障害のある者と障害のない者が共に学ぶ仕組みであり、障害のある者が教育制度一般（general education system）から排除されないこと、自己の生活する地域において初等中等教育の機会が与えられること、個人に必要な「合理的配慮」が提供されること等が必要とされる教育システムです。

さて、こうした流れの中で、2013（平成 25）年 8 月に学校教育法施行令の一部が改正され、就学先を決定する仕組みが改められました（本書第 3 章も参照）。具体的には、学校教育法施行令第 22 条の 3 に示されている障害の程度の者は、特別支援学校に就学するという従来の原則を改め、子ども一人ひとりの障害の状態、本人の教育的ニーズ、本人・保護者の意見、教育学・医学・心理学等の専門的見地からの意見、学校や地域の状況等を踏まえた総合的な観点から、市町村教育委員会が判断して就学先を決定するという仕組みに変更されたのです。

改めて図 1-2 の特別支援学校（視覚障害）の在籍者数の推移をみてみましょう。特殊教育から特別支援教育へ移行した 2007（平成 19）年、そして特にインクルーシブ教育システムが推進され、就学先の決定の仕組みが改められた 2013（平成 25）年からの減少が目を引きます。もちろんわが国の出生率の低下から、児童生徒数の全体的な減少もあろうかと思います。しかし、特別支援学校（視覚障害）の在籍者において、減少しているのは単一障害の子どもたちであり、逆に地域で学ぶ視覚障害のある子どもたちは増加傾向にあります。視覚障害教育では、従前より地域支援の取組みを行ってきていますが、これまで以上に、地域で学ぶ視覚障害のある子どもたちの教育への対応が求められます。

次に、特別支援学校（視覚障害）に在籍する児童生徒等の障害の重度・重

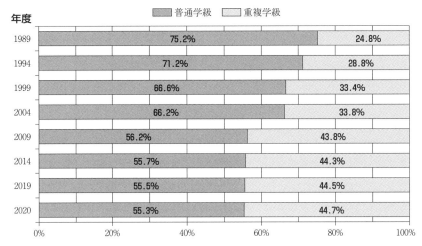

図1-3　特別支援学校（視覚障害）における普通学級と重複学級の割合の推移

出典：文献2）を元に筆者作成。

複化、多様化について説明します。図1-3は、全国盲学校長会の調査[2]を元に普通学級と重複学級の割合の推移を示したものです。

　1989（平成元）年度の学級全体における重複学級の割合は24.8％であったのが、2020（令和2）年度には44.7％となっており、年々重複学級の占める割合が増加していることがわかります。なお、ここで注意したい点は、視覚障害のある重複障害児童生徒が増加しているのではなく、特別支援学校（視覚障害）全体の中での占める割合が大きくなっているということです。これについては、筑波大学が1970（昭和45）年以降5年ごとに実施している「全国視覚障害幼児児童生徒の視覚障害原因等実態調査」[4]（以下「筑波大調査」）において明らかにしています。単一障害の児童生徒数が減少するなか、重複障害児童生徒数は、ほぼ横ばい状態であることから、結果として特別支援学校（視覚障害）全体の児童生徒の中で重複障害児童生徒の占める割合が増加傾向を示しているのです。これら重複障害教育については、本書第8章に詳しく述べていますので、そちらを参照してください。

(2) 弱視特別支援学級

弱視特別支援学級の対象となるのは、「拡大鏡等の使用によっても通常の文字、図形等の視覚による認識が困難な程度のもの」（平成 25 年 10 月文部科学省初等中等教育局長通知）とされており、特別支援学校（視覚障害）と比較して視覚障害の程度が軽度な児童生徒を対象として、小・中学校において設置されています。

弱視特別支援学級では、見やすい学習環境を整えるとともに、児童生徒一人ひとりの視覚障害の状態や特性に配慮しながら保有する視覚を最大限に活用できるように、視覚による認知力を高める指導や各教科等の指導を行います。また、教科学習を効果的に進めたり、社会性や集団への参加能力を高めたりと、指導内容やねらいによっては、通常の学級での「交流及び共同学習」を実施しています。

図 1 - 4 は、文部科学省初等中等教育局特別支援教育課が毎年度実施している基本調査「特別支援教育資料」[5] を元に作成した弱視特別支援学級在籍者数の推移です。2007（平成 19）年度に小学校 245 人、中学校 85 人であっ

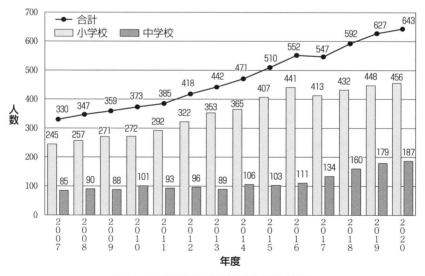

図 1 - 4　弱視特別支援学級在籍者数の推移

出典：文献 5) を元に筆者作成。

たのが、2020（令和2）年度には、小学校456人、中学校187人となり、増加しているのがわかります。

　また、「筑波大調査」[4]により、小学校、中学校ともに一人学級が90％以上を占めることもわかっています。

（3）通級による指導（弱視）

　通級による指導（弱視）の対象となるのは、「拡大鏡等の使用によっても通常の文字、図形等の視覚による認識が困難な程度の者で、通常の学級での学習におおむね参加でき、一部特別な指導を必要とするもの」（平成25年10月文部科学省初等中等教育局長通知）とされています。

　対象となる児童生徒は、通常の学級に籍を置き、指導上の工夫や個に応じた手立て、教育における合理的配慮を含む必要な支援を受けながら、各教科等の大部分の授業を通常の学級で学びます。そして、一部の授業について障害の状態に応じ、「障害による学習上又は生活上の困難の改善又は克服を目的とする指導」を弱視通級指導教室で受けます。

　小学校や中学校の通級による指導は、1993（平成5）年度から制度化され、2018年度からは、高等学校においても制度上可能となりました。

　図1-5は、文部科学省初等中等教育局特別支援教育課が毎年度実施している基本調査「特別支援教育資料」[5]を元に作成した通級による指導（弱視）を受けている児童生徒数の推移です。通級による指導が制度化された1993（平成5）年度に小学校99人、中学校9人であったのが、2019（令和元）年度には、小学校191人、中学校27人となり、制度化当初から2倍に増加しているのがわかります。

（4）通常の学級

　2007（平成19）年4月から「特別支援教育」が学校教育法に位置づけられ、幼稚園、高等学校等を含む、すべての学校において特別支援教育を実施することになりました。また、2017（平成29）年3月に告示された小学校学習指導要領、中学校学習指導要領においては、特別支援教育に関する内容が従前の学習指導要領と比較して、質・量ともに充実が図られています。さらにそ

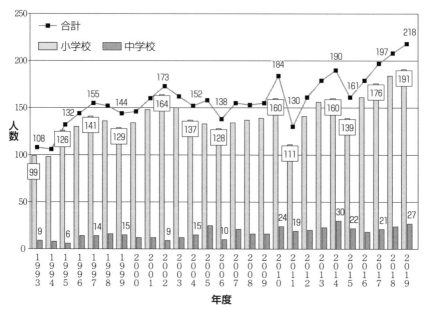

図1-5 通級による指導（弱視）を受けている児童生徒の推移
出典：文献5) を元に筆者作成。

れぞれの学習指導要領解説には、各教科等の学習の過程で考えられる困難さの状態とそれに対する配慮の意図や手立てが具体的に示されています。各教科の中には、視覚認知に関わる困難さなどについても解説していますのでみておくとよいでしょう。

　通常の学級に在籍する視覚障害のある児童生徒には、個々の障害の程度や状況に応じて、専門的な指導や配慮、環境整備が必要となります。特別支援学校（視覚障害）や弱視特別支援学級などの支援を受けながら、通常の学級において学習を続けていくことのできる技能や態度を身につけていくことが大切です。

(5) 視覚障害教育をめぐる課題

　以上、視覚障害のある児童生徒等の学びの場ごとに現状をみてきました。これらを踏まえ、視覚障害教育をめぐる課題について整理してみましょう。

まず、特別支援学校（視覚障害）の児童生徒数の減少から考えます。

特別支援学校（視覚障害）での児童生徒数の減少は、学びの形態として同年代の集団が作れず、集団によって育まれる資質・能力が育ちにくくなります。そのためにも、地域の学校との「交流及び共同学習」を積極的に進める必要があります。また現在、地域の学校だけでなく、各地の特別支援学校（視覚障害）間でオンラインを活用した遠隔での「交流及び共同学習」の試みもなされていますので、これらの取組みの拡充がより一層必要となります。

また、児童生徒数の減少は、教員数の減少にもつながります。そして教員には人事異動があることから、視覚障害教育の専門性の定着にも影響を与えます。特別支援学校（視覚障害）は、県下に１校しかない自治体が多く、異動となれば他校種への異動となります。せっかく、特別支援学校（視覚障害）で培った視覚障害教育の専門性を継続的に発揮する機会が少なくなってしまいます。また新たに特別支援学校（視覚障害）に赴任する教員は、視覚障害教育の経験のない者が多く、１から視覚障害教育の専門性を積み上げていかなければなりません。視覚障害教育は、視覚に依存しない指導等、その教育的専門性が特に高い分野となりますので、各教育委員会や管理職は、その専門性の維持・向上を十分考慮して計画的に人事異動を行う必要があります。

ここで、視覚障害教育の専門性という面から、特別支援学校（視覚障害）における特別支援学校教諭（視覚障害領域）免許状の保有率の推移[6]について見てみましょう（図1-6）。

特別支援学校の教諭は、小学校等教諭の基礎となる免許状に加え、特別支援学校教諭免許状を有していなければなりませんが、教育職員免許法附則第15項の規定により、当分の間、特別支援学校教諭免許状を有していなくても特別支援学校の教師になれることとされています。

特別支援学校教諭免許状を取得するためには、大学等において、特別支援教育や障害種ごとの特別支援教育領域の単位を修得する方法のほか、現職教師として経験年数を加味し、免許法認定講習や免許法認定通信教育により単位を修得する方法があります。

2015（平成27）年12月の中央教育審議会答申「これからの学校教育の資質能力の向上について〜学び合い、高め合う教員養成コミュニティの構築に

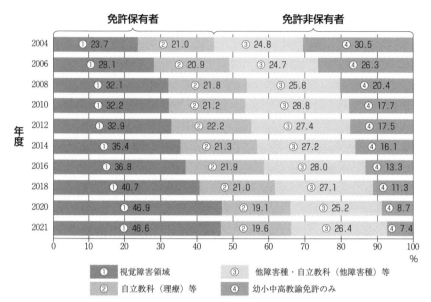

図1-6　特別支援学校（視覚障害）における視覚障害領域の免許状保有率の推移

出典：文献6）を元に筆者作成。

向けて〜」には、「教育職員免許法附則第16項（＊現行第15項）の廃止も見据え、平成32年度までの間に、おおむねすべての特別支援学校の教員が免許状を所持することを目指し、国が必要な支援を行うことが適当である」ことが記載されています。図1-6に示したように、特別支援学校（視覚障害）の当該障害種の免許保有率は、2004（平成16）年度に44.7％であったのが、2021（令和3）年度には66.2％となっています。知的障害領域の保有率（89.5％）と比べて依然低いものの、増加傾向となっています。

　現在、教育職員免許法附則第15項の将来的な解消を見据えつつ、国や各都道府県等は、特別支援学校の教師の特別支援学校教諭免許状の保有率100％を目指して取組みを進めているところです。

　次に、弱視特別支援学級を含めた小・中学校等に在籍する視覚障害のある児童生徒等の増加から考えてみましょう。

　視覚障害のある児童生徒等が特別支援学校（視覚障害）を選んでも、地域の学校を選んでも、視覚障害教育の指導の専門性は保障されなければなりま

せん。ここで、国立特別支援教育総合研究所が5年ごとに実施している「全国小・中学校弱視特別支援学級及び弱視通級指導教室設置校の実態調査（平成29年度）」[7]（以下「特総研弱学等調査」）から、担当教員の状況についてふれながら課題をみていきます。「(2) 弱視特別支援学級」で述べたように、弱視特別支援学級の在籍児童生徒数は増加していますが、校内1学級一人学級が多く、弱視特別支援学級担任は、校内で子どもたちの指導についての相談や視覚障害教育に関わる情報が得られにくい状況にあります。そして、弱視特別支援学級担任の視覚障害教育経験年数は、図1-7に示したとおり、「0〜2年」の割合が小学校では83%、中学校では91%となっており、経験年数の少ない教員が弱視児童生徒の指導を担っているのがわかります。また、弱視通級指導教室担当者については、図1-8に示したとおり69%でした。

　このほか「特総研弱学等調査」[7]では、弱視特別支援学級担任及び弱視通級指導教室担当者に「支援を受けたい内容や欲しい情報は何か」とたずねています。弱視特別支援学級担任は、小学校、中学校ともに第1に「指導内容・指導方法」、第2に「進路等の情報」を挙げています。弱視通級指導教室担当者においては、第1、第2同程度に「指導内容・指導方法」「進路等の情報」を挙げています。弱視特別支援学級担任、弱視通級指導教室担当者

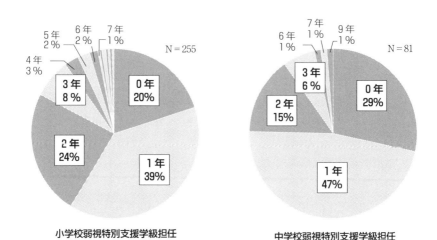

小学校弱視特別支援学級担任　　　　　中学校弱視特別支援学級担任

図1-7　弱視特別支援学級担任の視覚障害教育経験年数

出典：文献7）を元に筆者作成。

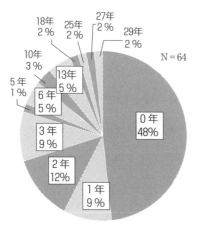

図1-8 小・中学校弱視通級指導教室担当者の
視覚障害教育経験年数

出典：文献7) を元に筆者作成。

いずれも、視覚障害教育の経験年数の短さにも相まって、視覚障害のある子どもたちの日々の指導に関わる「指導内容・指導方法」に悩んでいる状況が浮かび上がってきています。

このような状況への対応として、特別支援学校（視覚障害）が中心となり、地域の弱視特別支援学級担任や弱視通級指導教室担当者と授業研究やケース検討会などの研究会を組織しているところがあります。この取組みは弱視特別支援学級担任や弱視通級指導教室担当者への支援という意味合いだけでなく、特別支援学校（視覚障害）教員にとっても専門性を高める大切な場となっています。特別支援学校（視覚障害）では、在籍者数の減少で専門性を向上させるための実践の場が少なくなっているという状況があります。支援する側、支援される側という関係性ではなく、共に専門性を高めていくことが大切であり、このような取組みを全国に広め、充実させていくことが必要です。

(6) 地域の視覚障害教育の拠点としての特別支援学校（視覚障害）の役割

上述の視覚障害教育をめぐる課題に関連し、今後、非常に重要となる特別支援学校（視覚障害）の地域のセンター的役割について整理しておきましょう。

1) センター的機能の位置づけ

視覚障害教育では、これまでも「盲学校のセンター化構想」の試みがなされるなど、地域の小・中学校等への教育相談等の支援を実施してきましたが、1999（平成11）年に告示された「盲・聾・養護学校学習指導要領」にその役割が明確に位置づけられました。その内容としては、「地域の実態や家庭の要請等により、障害のある児童生徒又はその保護者に対して教育相談を行う

など、各学校の教師の専門性や施設・設備を活かした地域における特殊教育のセンターとしての役割を果たすよう努めること」というものでした。これを受け、全国の盲学校では、校内組織を整えるなど、取組みの強化が求められました。

2）センター的機能の内容

2005（平成17）年12月の「特別支援教育を推進するための制度の在り方について（答申）」では、特別支援学校に期待されるセンター的機能として、次のような例示がされています。

- 小・中学校等の教員への支援機能：個々の児童生徒の指導に関する助言・相談、個別の教育支援計画の策定に当たっての支援など。
- 特別支援教育等に関する相談・情報提供機能：地域の小・中学校等に在籍する児童生徒等や保護者への教育相談、幼稚園等における障害のある幼児への教育相談など。
- 障害のある幼児児童生徒への指導・支援機能：小・中学校の児童生徒を対象とする通級による指導やいわゆる巡回による指導、就学前の乳児や幼児に対する指導・支援など。
- 福祉、医療、労働などの関係機関等との連絡・調整機能：個別の教育支援計画の策定の際の医療、福祉、労働などの関係機関等との連絡・調整など。
- 小・中学校等の教員に対する研修協力機能
- 障害のある幼児児童生徒への施設設備等の提供機能

3）特別支援学校（視覚障害）がセンター的機能を発揮するために必要な事項

では、特別支援学校（視覚障害）がセンター的機能を発揮するためには、どのようなことが必要となるのでしょうか。いくつか例示してみましょう。

- 校長のリーダーシップのもと、校内体制を整備すること。
- 地域のリソースを明らかにして、関係機関と連携を図ること。
- 地域のニーズを把握すること。
- 視覚障害教育の専門性を担保すること。

特別支援学校（視覚障害）は各県1校の設置が多く、支援エリアは広く、支援内容も多岐にわたります。地域支援に関わる教員だけがセンター的機能を担うことには限界があります。全教職員で取り組むことができるよう校内体制を整備することが重要です。また、専門性の担保という面からも、視覚障害教育のあらゆる専門性を一人の教員が担うのではなく、組織として全員で専門性を分担して、地域を支えていくことが大切です。特別支援学校（視覚障害）の教員定数は、在籍児童生徒数とも関係しますが、在籍児童生徒の減少傾向が続いているなかで、地域支援の人材確保も大きな課題です。また、人事異動も、視覚障害教育の拠点校の機能を維持・発展させるという観点を第1に据えて行う必要があります。

＊　　＊

視覚障害のある児童生徒等が、どの学びの場を選んでも、そのニーズに応える支援が保障されることが必要です。そのためには、特別支援学校（視覚障害）の専門性を充実させ、特別支援学校（視覚障害）を地域の視覚障害教育の専門性の拠点として機能させることが大切です。

引用・参考文献 ——————————————————————————————
1）文部科学省『学制百年史』https://www.mext.go.jp/b_menu/hakusho/html/others/detail/1317552.htm（2022年4月25日最終閲覧）。
2）全国盲学校長会編（2021）「視覚障害教育の現状と課題—令和2年度年報—第60巻」。
3）障害者の権利に関する条約　https://www.mext.go.jp/b_menu/shingi/chousa/shotou/054/shiryo/08081901/008.htm（2022年4月25日最終閲覧）。
4）柿澤敏文（2022）「2020年度 全国視覚障害幼児児童生徒の視覚障害原因等実態調査 報告書」。
5）文部科学省初等中等教育局特別支援教育課（2021）「特別支援教育資料（令和2年度）」。
6）文部科学省初等中等教育局特別支援教育課（2022）「令和3年度特別支援学校教員の特別支援学校教諭等免許状保有状況等調査結果の概要」。
7）国立特別支援教育総合研究所（2018）「全国小・中学校弱視特別支援学級及び弱視通級指導教室設置校実態調査 平成29年度」研究成果報告書。
・香川邦生編著（2016）『五訂版 視覚障害教育に携わる方のために』慶應義塾大学出版会。

（澤田真弓）

第 2 章

視覚障害児の理解の基本

　本章では、視覚障害とはどのような障害なのか、視覚器の構造や情報処理の仕組み等の基礎知識を理解したうえで、主な眼疾患と教育的対応について概説します。また、視覚による認知や行動、心理、発達等の側面から、個々の子どもたちの実態をどのような視点で把握していったらよいのか考えていきます。

① 視覚障害の基礎知識

（1）視覚という感覚

　まず初めに、「視覚」とはどのような感覚なのか考えてみましょう。

　視覚は「遠隔感覚」といわれ、触覚や味覚といった「接触感覚」と比較して、遠くの広い範囲の情報を一度に得ることができる感覚です。視覚から入手できる情報は、光や色、形態があります。人がどこにいるのか、物がどこにあるのかなど、もの（人や物）の位置やもの同士の位置関係がわかります。そして、固定的な事象だけでなく、時々刻々と変化する状況についても把握することができます。

　では、人間の行動と視覚の関係について具体的にみていきましょう。例えば皆さんが、初めての場所に行くときに、まず何をしますか。目的地までのルートをコンピュータやスマートフォンで検索したり、人にたずねたりしながら、あらゆる情報を収集し準備するのではないでしょうか。駅であれば乗り換え地点の情報を、道路であればポイントとなる建物等の情報を入手します。そして実際に行動に移し、収集した情報と照らし合わせ間違っていれば、

さらに情報収集して軌道修正をするという行為を繰り返しながら目的地まで向かいます。さて皆さんは、この一連の行動の中で、情報を得るために「見る」という行為が多く含まれていることに気がつくのではないでしょうか。私たちが行動するには、視覚が大きく関与しているのです。視覚は、情報入手のための重要な感覚であることがわかります。

(2) 視覚器の構造と視覚伝導路

　視覚は、主に眼球と、視神経などの視路、そして視覚中枢の3つの働きによって、外界からの光を刺激として生じる感覚です。

　図2-1に眼球の水平断面図を、図2-2に視覚伝導路を示します[1]。

　眼球は成人の平均として、重さは7g、前後径は24mmです。その眼球は、三層の膜で覆われています。一番外側の膜を強膜といい、乳白色の丈夫な膜で、人の眼を正面から見た場合の、いわゆる「白目」の部分です。角膜も一番外側にある膜で、あわせて、強・角膜と呼ぶこともあります。三層のうちの真ん中の膜をぶどう膜といい、ぶどう膜には、虹彩、毛様体、脈絡膜が含まれています。そして一番内側の膜を網膜といい、網膜は眼に入ってきた光を処理し、脳に送る役割を果たします。

　眼球の中には水晶体というレンズの役割を果たすものがあります。この水晶体はチン小帯、毛様体で支えられています。毛様体筋の働きによって、水晶体の厚さを変え、水晶体の屈折力を変化させます。眼を外から見ると、真ん中の黒目の部分が瞳孔です。瞳孔は網膜へ光を通す穴です。瞳孔の周りは虹彩があり、虹彩を広げたり狭めたりして眼の中に入る光の量を調節しています。水晶体と角膜の間は房水で満たされています。そして水晶体と網膜の間にはゲル様組織の硝子体が入っています。硝子体は眼球の形を保ち、外力による変形に抵抗するとともに、透明で、網膜まで光を通過させます。網膜には、中心窩という少しくぼんだところがあり、ここで像が結ばれ、その情報が視神経乳頭という視神経の入り口に伝えられます。

　網膜と視覚中枢を結ぶ神経繊維の集まりを視路といいます。視路は、視神経、視神経交差、これは視交叉ともいいますが、それと視索、外側膝状体、視放線からなります。そして、視覚中枢は、後頭葉の大脳皮質にあります。

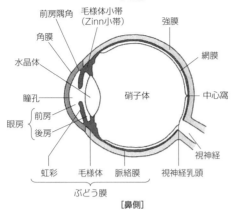

[耳側]

前房隅角
毛様体小帯
(Zinn小帯)
角膜
強膜
水晶体
網膜
瞳孔
硝子体
中心窩
眼房
前房
後房
虹彩
毛様体
脈絡膜
視神経乳頭
視神経
ぶどう膜

[鼻側]

図2-1　眼球の水平断面図

出典：文献1）より。

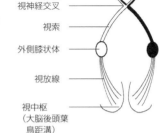

網膜
視神経
視神経交叉
視索
外側膝状体
視放線
視中枢
（大脳後頭葉
鳥距溝）

図2-2　視覚伝導路

出典：文献1）より。

　このように、視覚情報は眼から視神経を通って脳に伝わり認識されるのです。
　さて、ここで網膜について補足説明しておきましょう。網膜は、眼に入っ
てきた光を処理し、脳に送る役割を果たしていますので、網膜がはがれたり、
機能しなかったりすると、見ることができません。網膜には、視細胞と呼ば
れる実際に見る機能を担う細胞があります。その視細胞には、錐体細胞と桿
体細胞という2種類の細胞があり、それぞれの分布の状況や役割が異なりま
す。図2-3は、網膜上の錐体細胞と桿体細胞の分布を表したものです。
　錐体細胞は、明所で働き、ものの形などの形態覚や色を認識する色覚に関
与していて、中心窩付近に多く存在しています。一方、桿体細胞は、暗所で
働き、弱い光でも反応し、網膜周辺部に密に存在しています。
　中心窩を含む網膜の中心部は黄斑と呼ばれ、この中心窩の部分が最も視力
が高く、網膜の周辺にいくほど視力が低く明確な像を見ることができなくな
ります。これは、錐体細胞の数が関係しています。中心部分は錐体細胞が最
も多くあるので視力が高く、周辺にいくほど錐体細胞が少なくなるので視力
が低くなるのです。そして、視神経の入り口である視神経乳頭には、錐体細
胞、桿体細胞いずれも存在しません。したがって、ここは見えない部分で、
「盲点（マリオット盲点）」となります。私たちの眼には、盲点という見えな

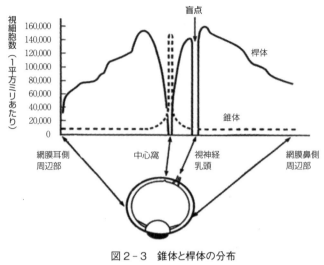

図2-3 錐体と桿体の分布

出典：文献2）より。

い部分があるのですが、日頃、両眼で見たり、視線を動かしたりして見ているので、通常は意識することはありません。

（3）眼の発生

　眼の先天疾患を理解するうえで、眼の発生についてごく簡単に触れておきましょう。卵子が受精して3週目あたりで、胚の中に脳の起源である神経管が形成され、眼の基である眼小窩ができ胞状（第1次眼胞）になります。この時期に何らかの異常が生じると、無眼球や単眼症、小眼球といった障害が発生します。4週目では、第1次眼胞が第2次眼胞（眼杯）を形成し、次第に眼杯裂ができ、水晶体板が形成され、第1次硝子体ができます。第1次硝子体は、その後、第2次硝子体が形成され、これが第1次硝子体に置き換わります。置き換わらずに第1次硝子体が遺残増殖した場合、第1次硝子体過形成遺残という眼疾患になります。5週目では、眼杯裂が接着融合するのですが、閉鎖不全が生じると、虹彩欠損、脈絡膜欠損、視神経欠損などが起こります。虹彩は外から入る光の量を調節する役割がありますので、虹彩欠損になると、光の量が調節できず、羞明（まぶしさ）が伴います。また、この

時期に水晶体板が水晶体小胞となるのですが、何らかの形成異常が生じると無水晶体眼、先天白内障等となります。そして6週目では、眼の全体的な構造がほとんどできあがります。このように眼は受精してから、非常に早い時期にできあがるのです。

（4）視機能について

　一般に「見える」「見えない」というと、「1.0」や「0.3」といった視力の程度のことが思い浮かぶかもしれません。実際、これも重要ではありますが、見え方を規定している視機能には、視力に加えて、視野、色覚、光覚、暗順応・明順応、屈折、調節、眼球運動、両眼視などがあります。

1）視力

　視力は、どれだけ細かいものを見分けられるかを表す指標です。眼と対象物を結ぶ2本の線がつくる角度のことを視角といいますが、この視角の逆数を取った値が視力です。図2-4にランドルト環と視角の関係を示します。

　視角の単位は、1度の60分の1である分を使います。例えば、視角が1分のときは、1分の1で視力1.0となり、視角が10分であれば10分の1で視力0.1となります。視力検査は、ランドルト環を視標として用いられるのが一般的です。種々の大きさのランドルト環の切れ目が、一定の距離から切れ目として分離していると認められるか否かによって視力を測ります。外径

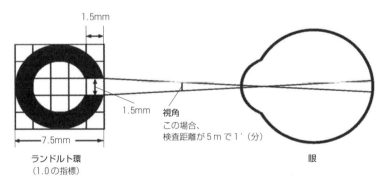

1.5mm

1.5mm

視角
この場合、
検査距離が5mで1′（分）

ランドルト環
（1.0の指標）

7.5mm

眼

図2-4　ランドルト環と視角

出典：文献4）より。

図2-5 ランドルト環単独視標

図2-6 Teller Acuity Card（TAC）

7.5mm、切れ目の幅1.5mmのランドルト環を5mの距離から見たとき、その切れ目の幅の視角が1分となるので、これを識別できる場合、視力1.0とします。同様に、切れ目の大きさが10分に対応する大きさのランドルト環の切れ目が識別できれば、視力0.1となります。5mの距離から0.1の視標が識別できない場合は、視標を見る距離を短くし、0.1の視標が識別できる距離を測ります。その時の距離がaメートルであれば、0.1 × a/5で求められる値を視力とします。例えば、2mの距離で0.1の視標が識別できた場合は、0.1 × 2/5 ＝ 0.04となります。

　0.01未満の視力については、順に指数弁（検査者が提示した指の数がわかる距離を測り、例えば30cm指数などといいます）、手動弁（同様に眼前で提示した手が動いているのがわかる場合）、明暗弁（光を感じる場合で光覚弁ともいいます）、全盲（明暗弁もない場合）とします。なお、50cm指数の場合が、視力0.01に相当します。

　一般にランドルト環を使った視力検査ができるようになるのが、3〜4歳頃からであるといわれています[2]。

　図2-5にランドルト環単独視標を示します。この図の右側にある黒いハンドルのようなランドルト環の模型を幼児に持たせて、視標のランドルト環の切れ目の方向と同じ方向にマッチングさせることで視力を測ります。

　また、ランドルト環を使った視力検査ができない乳幼児や重複障害等の子どもの場合、図2-6に示したTeller Acuity Card（ＴＡＣ）を使います。このカードには、縞模様が片側にあり、もう片側は無地になっています。縞の間隔が広いものから狭いものまで用意されていて、どのくらいの間隔の縞模様

まで「見る」という反応を示すかで測ります。これは乳幼児が、無地の画面より縞模様を好んで見るという性質を利用した検査です。

このほか、図2−7に示した「森実式ドットカード」などがあります。これは、眼の大きさの異なるウサギやクマの絵を提示し、眼が認識できるか否かで視力を判断します。

図2−7　森実式ドットカード

2）視野

視野は、視線を一点に固定した状態で見ることのできる範囲のことです。図2−8に右眼で見た場合の正常周辺視野と正常中心視野を示します。

周辺視野は、耳側である外方が100度、鼻側である内方が60度、上方60度、下方70度となっています。視野検査には、視野計を用いた検査のほか、視野計を用いることができない場合、特に器具を用いず、検査者と被検査者が向き合った状態で、検査者が指を提示して、その見える範囲を測る対座法と呼ばれる方法もあります。また、視野の周辺部を測る周辺視野検査と、視

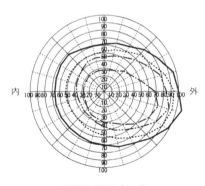

正常周辺視野（右眼）
外側から、白、青、赤、緑の視野の範囲

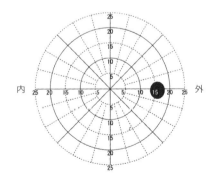

正常中心視野（右眼）
黒点はマリオット盲点

図2−8　視野

出典・文献1）より。

25

野の中心部を測る中心視野検査があります。これは、視野の中心部と周辺部では視機能が異なることに対応するものです。

3）色覚

色覚は、色を感じる眼の機能です。色覚を認識する役割を担っているのは錐体細胞です。錐体細胞は網膜の中心部に最も多く分布しているので、視野の中心部は色覚が最もよいのです。網膜の中心部から離れて周辺部に移るにつれて、錐体細胞より桿体細胞のほうが多くなります。桿体細胞は色光を単に光と感じ、色とは感じません。周辺部では、少数の錐体細胞が感じる色と、多数の桿体細胞が感じる無色とが混合して、飽和度の低い色として感じられます。このようにして、視野の中心部では色を鮮明に感じ、視野の周辺部では、飽和度の低い色として感じるのです。

先天性色覚異常は、錐体細胞の反応が不完全なことや、反応しないことによって生じます。また、視覚障害のある子どもでは、網膜の病気などによって色の見え方に問題が生じることもあります。

4）光覚、暗順応と明順応

光覚は、光を感じてその強さを区別する能力です。辺りが暗くなるとよく見えない夜盲や、明るいところでまぶしくてよく見えない昼盲があります。この場合、それぞれの状態を把握して、室内の明るさの工夫や屋外での遮光などの配慮が必要となります。

暗順応・明順応は、明暗に対する適応状況です。これは、例えば映画館などで明るいところから暗いところに入ったとき、非常に見えにくくなりますが、しばらくすると暗い中でもある程度見えるようになります。このように暗さに眼が適応していくことを「暗順応」といいます。反対に、暗いところから明るいところに出たときの眼の適応を「明順応」といいます。

5）屈折、調節

光の屈折について主要な役割を果たしているのは、角膜や水晶体です。無調節状態の眼に平行光線が入り、網膜上に正しく像が結ばれた状態を正視といいます。網膜上に像を結ばない状態は屈折異常であり、近視、遠視、乱視があります。図2-9に正視と近視、遠視、乱視の状態を示しました。網膜の前方で像が結ぶと近視、網膜の後方で像が結ぶと遠視、網膜に像が1点に

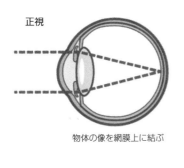

正視

物体の像を網膜上に結ぶ

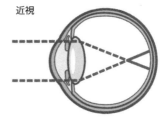

近視

網膜の前方で物体の像を結ぶ

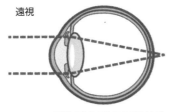

遠視

網膜の後方で物体の像を結ぶ

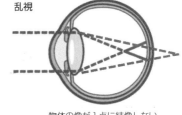

乱視

物体の像が１点に結像しない

図2-9　正視と屈折異常（近視・遠視・乱視）

結像しない状態が乱視です。

　調節とは、毛様体筋の働きによって、水晶体の厚さを変え、水晶体の屈折力を変化させて、網膜に鮮明な像を結ぶ機能のことです。通常、近くを見るときには水晶体は厚くなり、遠くを見るときには薄くなります。

　6）眼球運動、両眼視

　視対象を正確に見るためには、網膜の中心窩でその像をとらえる必要があります。視対象の動き等の状態に応じて、中心窩で安定的に像をとらえるため円滑に眼球運動がなされる必要があるのです。視覚障害がある場合、その病態により眼球運動がしにくくなることがあります。

　両眼視は、左眼と右眼のそれぞれに入ってくる視覚像を中枢で統合する機能のことです。私たちは、両眼で見ることによって立体感や遠近感をとらえています。片眼では立体感や遠近感を全くとらえることができないということではありませんが、微妙にとらえ方が異なっていたり、困難であったりすることがありますので注意が必要です。

以上のように、見え方を規定しているものは、視力だけではなく、様々な機能から成り立っているのです。視機能の状態は十人十色であり、たとえ視力が同じであったとしても、実際の見え方はそれぞれ異なっているといえます。

(5) 視覚障害とは

以上の事項を踏まえて、視覚障害とは、どのような状態のことを指すのかまとめてみましょう。

視覚障害とは、眼から脳までの器官で、何らかの障害が生じて見えにくくなったり、見えなくなったりした状態を意味します。しかも、これらの器官の働きや視機能の働きが眼鏡などの光学的な矯正や治療によっても十分に改善されない状態を視覚障害といいます。

視覚障害は、大きく「盲」と「弱視」に分けることができます。盲とは、見えない、あるいは視覚による情報の取得が極めて困難な状態をいいます。触覚や聴覚などの視覚以外の感覚を活用し、学習の際は、点字や音声機器等を使用したりします。弱視は、視覚の活用が可能ですが、個々の疾患による見えにくさが伴います。墨字（普通文字）を視覚補助具等の活用により拡大したり、個々の見え方に応じた教材教具等を使って学習したりします。

かつては、視力値を基準として盲と弱視の区別をしていましたが、現在は、視覚補助具やタブレット端末等の機能の向上と普及によって、これまで盲とされてきた視力値の子どもたちも視覚活用の可能性が広がってきました。そのため、学校教育においての盲と弱視は、視力の程度による分類ではなく、教育の方法や学習の手段の違いに基づいて区別することが適当であると考えられます。

② 主な眼疾患と教育的対応

(1) 視覚障害の主な原因疾患

筑波大学は、1970年以降5年ごとに「全国視覚障害幼児児童生徒の視覚

表2-1　特別支援学校（視覚障害）の視覚障害原因

視覚障害原因		人数	%
先天素因		1,384	55.74
未熟児網膜症		419	16.89
原因不明		305	12.29
腫瘍		167	6.73
全身病		132	5.32
	糖尿病	52	2.10
	ベーチェット病	4	0.16
	栄養障害	3	0.12
	その他	73	2.94
外傷		41	1.65
感染症		31	1.25
	髄膜炎・脳膜炎	2	0.08
	麻疹	10	0.40
	その他	19	0.77
中毒		3	0.12
	合計	2,481	100.00

出典：文献1）より。

障害原因等実態調査」を実施しています。2020年度調査報告書[3]から特別支援学校（視覚障害）在籍幼児児童生徒の視覚障害の原因疾患についてみていきましょう（表2-1）。

　視覚障害の原因疾患として最も多いのが、「先天素因」で、その割合は55.74％です。これは、眼の発生期の眼球形成の障害などで、小眼球、虹彩欠損、網膜色素変性症や視神経萎縮、緑内障などが多く挙がっています。次に多いのは、未熟児網膜症で16.89％、原因不明が12.29％、腫瘍が6.73％、糖尿病、ベーチェット病などの全身病が5.32％、外傷が1.65％、感染症が1.25％、中毒が0.12％の順になっています。

　では、これらの原因疾患の年齢による特徴はあるのでしょうか。表2-2に特別支援学校（視覚障害）の年齢群別視覚障害原因を挙げます。

　特別支援学校（視覚障害）では、幼稚部、小学部、中学部、高等部（専攻科を含む）があります。すべての学校ですべての学部があるというわけではありません。高等部のみの学校や、幼稚部、小学部、中学部のみの学校もあります。年齢群による視覚障害原因は、いずれの年齢群においても、その割

表2-2　特別支援学校（視覚障害）の年齢群別視覚障害原因（％）

視覚障害原因	満年齢（歳）						
	3〜5	6〜12	13〜15	16〜18	19〜21	22〜30	31〜
感染症	1.38	1.94	1.09	1.79	0.83	0.00	0.23
外傷	0.69	1.79	1.53	0.80	0.83	2.21	3.04
中毒	0.00	0.00	0.22	0.00	0.00	0.00	0.47
腫瘍	6.90	7.17	8.71	7.57	9.09	4.41	2.34
全身病	4.14	1.94	3.27	3.39	3.31	5.15	16.39
未熟児網膜症	11.72	17.04	25.71	27.09	8.26	12.50	1.64
先天素因	69.66	63.83	54.68	53.98	60.33	54.41	39.58
原因不明	5.52	6.28	4.79	5.38	17.36	21.32	38.30
人数（名）	145	669	459	502	121	136	427

出典：文献3）より。

合が高いのは先天素因です。そして年齢群による特徴的な傾向としては、年齢が上がるにしたがって、外傷、全身病、原因不明の割合が高くなっていることです。特別支援学校（視覚障害）の高等部専攻科には、一旦社会に出てから、中途で視覚障害になった生徒が在籍しています。そのようなことから、外傷は22歳以上の成人の割合が高くなりますし、全身病は、31歳以上の割合が高くなっています。全身病のその多くは糖尿病性網膜症と視神経萎縮です。緑内障や網膜色素変性症も増加する傾向があります。

（2）主な疾患と配慮点

　では、代表的な疾患と配慮点について簡単に説明していきましょう。

　小眼球は、胎内で眼球の形がつくられる早い時期に、眼球全体の発達が阻害されるものです。しばしば角膜や水晶体、網膜、硝子体などの異常や形成不全を合併します。白内障や緑内障、眼振を伴うことが多くみられます。

　白内障は、水晶体が混濁した状態のことです。水晶体の混濁部分で光線が乱反射し、コントラストの低下や羞明が生じます。先天性白内障で水晶体の混濁の程度が重い場合には、できるだけ早い時期に水晶体摘出などの手術を行い、無水晶体眼を補う凸レンズによる屈折矯正を行うなど、視機能の発達を促すことが必要です。水晶体のように厚さを変えて屈折力を調整することはできなくなりますので、作業距離によって遠用と近用の2種類のレンズを

使い分けるなどが必要です。

　網膜色素変性症は、視細胞の減少によって網膜の機能が低下していく進行性の疾患です。病変は網膜の桿体細胞から始まりますので、視野の周辺部が見えなくなったり、暗所で見えなくなる夜盲が生じたりします。やがて錐体細胞も影響を受けますので、視力も低下していきます。周辺部からの視野狭窄の進行は、歩行等に困難が生じてきます。また、この疾患は進行性ですので、心理的ケアが必要です。

　黄斑変性症は、網膜の中心部である黄斑に起こる変性です。錐体細胞の機能が低下しますので、視力の低下や色覚の異常、中心暗点が生じます。中心暗点があることにより網膜周辺部でものを見るようになりますが、視力や色覚など、中心視と比較すると低い水準にあり、文字処理等に困難が生じます。

　視神経萎縮は、視神経の神経繊維が変性し、その機能が損なわれます。緑内障や視神経炎などの視神経疾患、腫瘍、網膜色素変性症、外傷などが原因で視神経萎縮となる場合もありますので、視力の程度や視野の欠損の状態、色覚や羞明の有無など、その見え方も様々です。個々の見え方の把握とその対応が大切です。

　未熟児網膜症は、網膜の脈管化の異常です。正常発達では、胎齢32〜34週で脈管化が完成するのですが、この時期以前に生まれた場合、脈管化の停止と病的な血管新生の危険性があります。血管新生は網膜剥離を引き起こしたり、強度近視や緑内障等が生じたりします。また、失明に至る場合もあります。さらには、重複障害への対応も必要になることがあります。

　緑内障は、眼の中の圧力（眼圧）が異常に高くなった結果、視神経に障害を起こす疾患ですが、眼圧が正常でも緑内障になることがあります。屈折異常（強度近視）や角膜混濁、視野障害が生じます。眼の打撲や全身的衝撃などにより眼球破裂の危険性がありますので注意が必要です。

　網膜芽細胞腫は、乳幼児の網膜に発生する悪性腫瘍です。視力予後は腫瘍の大きさや位置で異なります。生命予後は適切な治療が施されれば良好で、5年生存率は90％以上といわれています。2次腫瘍発生の可能性がありますので、経過観察が必要です。

　全身病のひとつである糖尿病性網膜症は、糖尿病の合併症で、細小血管症

が網膜血管に起こった状態です。血管の拡張や血液成分の血管外への漏出、さらに血管閉塞や血管新生が起こり、網膜浮腫や増殖網膜症が起こります。網膜症の状態により見え方は様々で、白内障の併発や急速に失明することもありますので、血糖コントロールと定期的な眼科受診とともに、心理的ケアが必要です。

次にベーチェット病ですが、これは原因不明の難病で、全身に炎症や潰瘍が出てきます。眼症状として、虹彩炎や網膜血管炎、網膜浮腫などが現れ、網膜剥離や視神経萎縮、硝子体出血、白内障、緑内障を併発することがあります。合併症により見え方は様々で混濁、暗幕不良、照明不良、眼振、視野異常等が生じてきます。また、全身病であるので体調管理に十分注意が必要です。

③ 視覚障害のある子どもの実態把握の視点

これまでみてきたとおり、運動、探索、物の操作、社会性、生活習慣、言語、概念形成など、すべての発達の領域で視覚の果たす役割は大きいといえます。その障害が先天的であった場合は、出生時からその発達に大きな影響を与えることになります。

したがって、その視覚が使えない、あるいは不十分にしか使えない場合は、保有する視覚の活用と視覚以外の聴覚、触覚、嗅覚等の諸感覚を有効に活用することが大切になります。これらの感覚がどのように活用されているのか実態を適切に把握し、日常生活や学校教育での指導等に生かしていくことが大切です。

(1) 視覚の活用状況の把握

視覚障害といっても子どもたちの見え方は様々です。視力の程度が数値で表せない場合でも、全く見えないとは限りません。指の数がわかる指数弁、眼前で手を動かすとわかる手動弁、光がわかる明暗弁（光覚弁）まで、様々な見え方があります。

また、色の区別ができるかどうかといった色覚の状況や大まかに物の形が

わかるといった形態覚の状況を把握することも必要です。これらの感覚は歩行など移動する際に非常に役立つからです。

学習場面における見え方の把握としては、絵や図がどの程度細かな部分まで見分けることができるのか、ひらがな・カタカナ・漢字などの文字はどれくらい小さなものまで見ることができるのかを把握することが必要です。また、手元ばかりではなく、黒板に書かれた文字など、遠くの見え方の把握も大切です。

生活場面における見え方の把握としては、対人認知として誰がどこにいて何をしているのか、あるいはどの程度の距離で人の顔の区別がつくのかなどを把握します。さらに、生活場面では様々に危険がともなう事項も多いことから、学習場面以上にどの程度の視野があるのかを把握しておくことも必要です。いずれにしても、視覚の活用状況の把握としては、粗大なものからどのくらい微細なものを視覚的にとらえることができるのかを把握しておくことが必要となります。

(2) 触覚の活用状況の把握

環境の認知や物の操作については、物に手が触れればそれに触るという段階から、自分で手を伸ばして触ることへ、また手を動かしてものを探すことへ、物の各部を触って調べることへ、さらに身体移動を伴って手の届く範囲外の物を触って理解するといった一連の段階の状況を把握することが必要です。

手指による操作については、玩具や日常生活用具の操作、食事、衣服の着脱等において、触覚をどのように活用しているかを把握します。この場合、つかむ、叩く、探すといった運動機能の側面とともに、物の位置、向き、傾き、長さ、運動方向等を理解し調整していくという空間的な調整の側面からの把握も必要です。

絵や図形、文字情報の入手にかかわる触覚の活用については、触覚的に分かるように作成された触図や点字について、触覚をどのように活用しているかを把握します。この場合、両手を広く動かしながら、全体や部分の理解ができているかをみていきます。

（3） 聴覚の活用状況の把握

続いて、聴覚の活用状況の把握についてです。視覚障害のある子どもにとって、触覚とともに聴覚の活用も大変重要です。

特に、歩行などの移動においては、目的の場所に音源があったり、手がかりとして音を活用したりすることができます。手がかりとなる音とは、屋内から聞こえてくるピアノの音や、街路での話し声、店先の音、自動車の走行音等です。これらの音を定位したり、歩行の手がかりとして活用したりすることができるかどうかを把握します。

環境の認知という側面からは、身の回りの様々な音を聞き分け、誰がいるのか、何が起こっているのかなどが把握できることも大切になります。室内の大きさを把握したり、話し言葉を聞きながら、話し手の性別や年齢、心理状態等を把握したりすることは、対人関係や社会性の観点からも大切なことです。

（4） 概念形成の状況の把握

視覚障害のある子どもの話し言葉の獲得については、健常児と比較した場合、顕著な遅れはないといわれています。しかし、獲得している言葉が実際の事物・事象と合致しているかを見極める必要があります。そのためには、その言葉について説明させたり、対応する事物を示させたり、対応する動作をさせたりして、言葉と概念を一致させる指導が大切になります。

また、前後左右や東西南北といった空間概念が適切に獲得されているかを把握しておくことも必要です。例えば、ある時点において壁の前を向いて立っていて、体を右に90度回転させれば、その壁は自分の左方向に変わります。しかし、その壁が東向きであったならば、体の向きをどのように変えたとしても、その壁が東向きであることに変わりはありません。つまり、一定の基準に対して絶えず変化する前後左右という概念と、普遍的に変化しない東西南北という方角があることを理解させるということです。

また、行や列、座標といった概念も、視覚障害のある子どもには、獲得することが難しい場合があることにも留意が必要です。例えば、A、B、C、D、Eの5人の児童が横一列に順に並んでいるとします。A児から見た場合、B、

C、D、E児は右側に並んでいます。しかし、C児から見た場合、A児、B児は左側、D児、E児は右側に並んでいます。また、E児から見た場合は、みんな左側に並んでいます。このようにどの位置で見るかという原点が移動したときの状態についての理解が、視覚障害のある子どもには難しいことがあるのです。

(5) 心理検査の活用

　実態把握を行うにあたっては、心理検査を有効に活用することも必要です。視覚障害がある場合には、一般的な知能検査等を実施することが難しいことがありますが、視覚活用の必要ない項目を選択したり、図を見て答えるような問題については、図版を触ってわかるものにしたりすることによって実施できる場合があります。

　ただし、実施して得られた結果をどのように解釈するかについては、慎重に扱うことが必要です。つまり、検査項目に対する行動や応答が視覚にどのように依存しているかを十分に踏まえて結果を解釈することが大切です。実施して得られた点数等を問題にするのではなく、結果をどのように指導に生かすかを第一に考えなければなりません。

　視覚障害のある子どもに用いられる代表的な検査として、広D–K式視覚障害児用発達診断検査とフロスティッグ視知覚発達検査を挙げておきます。

　広D–K式視覚障害児用発達診断検査は、適用年齢が0歳2カ月～5歳で、養育者等からの聞き取りにより、運動発達・知的発達・社会的発達の3領域、合計10の分野について、その発達の状況を把握することができます。

　フロスティッグ視知覚発達検査は、適用年齢が4歳～7歳11カ月で、視覚と運動の協応、図形と素地、形の恒常性、空間における位置、空間関係の五つの分野から構成されています。この検査では、弱視児の視知覚の発達状況や視覚的に運動をコントロールする能力の状況などを把握することができます。

＊　　　＊

　視覚障害教育では、見えない、見えにくいという医学的な状態を改善する

ことはできなくても、教育的、環境的な配慮によって、これらの要因を最低限に抑え、視覚障害のある子どもたちの発達を支援していくことが重要です。そのための教材・教具の工夫や環境の整備、自立活動の指導をはじめとする様々な指導や配慮があるのです。

引用・参考文献 ───────────────────────────────
1) 丸尾敏夫（2014）『NEW エッセンシャル眼科学　第8版』医歯薬出版。
2) 宮本慎也・竹田一則編著（2007）『障害理解のための医学・生理学』明石書店。
3) 柿澤敏文（2022）「2020 年度全国視覚障害幼児児童生徒の視覚障害原因等実態調査　報告書」。
・国立特別支援教育総合研究所（2020）『特別支援教育の基礎・基本 2020』ジアース教育新社。
・香川邦生編著（2016）『五訂版　視覚障害教育に携わる方のために』慶應義塾大学出版会。

（澤田真弓）

第 **3** 章

教育課程と視覚障害特別支援学校
における配慮事項

　視覚障害のある児童生徒は、特別支援学校（視覚障害）（以下、盲学校）だ
けでなく小・中学校や高等学校にも在籍しています。さらに、「全盲＝盲学
校」ということではなく、全盲であっても小・中・高等学校に在籍し、合理
的配慮を受けながら点字教科書を使って学習している児童生徒もいます。一
方、盲学校には見えにくさのある弱視の児童生徒も在籍しており、全盲の児
童生徒よりも弱視の児童生徒のほうが多いくらいです。このように盲学校で
は様々な視覚障害の程度の児童生徒が学んでいますが、視覚障害があれば必
ず盲学校に就学できるということでもありません。どの学びの場で学ぶのか
は、義務教育段階においては市町村教育委員会が判断をしています。

① 視覚障害のある児童生徒の就学先の決定の仕組み

　就学先決定に関する規定は、学校教育法施行令に就学に関する基本的な考
え方が示されています。
　「障害の状態、本人の教育的ニーズ、本人・保護者の意見、教育学、医学、
心理学等専門的見地からの意見、学校や地域の状況等を踏まえた総合的な観
点から就学先を決定。」（この際学校教育法施行令第22の3は、特別支援学校就
学のための必要要件であり、総合的判断の際の判断基準のひとつにすぎないとさ
れています）。
　就学先の決定において、どのような学習内容が設定され、どのような方法
で教育を行うのかなど、本人・保護者が非常に悩むケースがたくさんありま
す。このため、早期から学校見学や体験入学の機会等も活用し、本人・保護

者への十分な情報提供をしつつ面談等を経て、教育上必要な支援内容等の判断・調整が行われます。就学先の検討にあたっては、市町村教育委員会において、本人・保護者の意見を最大限尊重し、本人・保護者と市町村教育委員会、学校等が教育的ニーズと必要な支援について合意形成を行うことを原則としたうえで、最終的には市町村教育委員会が児童生徒の就学先を決定します（図3-1）。

　一例として、地域の小学校で学んでいる先天盲のA児の就学先決定の流れについて説明します。

　従来であれば盲学校への就学と判断されていました。早期からの教育相談を重ねるなかで、A児も保護者も地域の小学校で学びたいという意向が強いことがわかってきました。そこで教育委員会は、決定までの過程では、A児と保護者の心情に寄り添うこと、十分な情報提供を行うこと、わかりやすく説明すること、当該小学校や盲学校での相談会、見学会や体験入学の機会を複数回設けることなどを重視しました。また、医療や福祉の関係者からの意見聴取をし、地域や就学予定となる小学校及び教育委員会としての支援体制等を確認していきました。その結果、当該小学校では視覚障害のある児童の在籍実績があったこと、特別支援教育支援員の配置など人的体制整備や点訳ボランティアの確保が可能であること、点字指導や点字教材等について盲学校のサポート体制もとれることなどがわかり、改めて保護者との合意形成を図り、地域の小学校への就学を決定しました。その際、合理的配慮を提供できること、学びの場は柔軟に変更できること、つまり盲学校への転校も可能であることも伝えました。

② それぞれの学びの場と教育課程

　盲学校、弱視特別支援学級、通級による指導（弱視）及び通常の学級の教育課程の概要について述べます[1][2]。

（1）盲学校
　本書の第1章でも述べましたが、盲学校には「両眼の視力がおおむね0.3

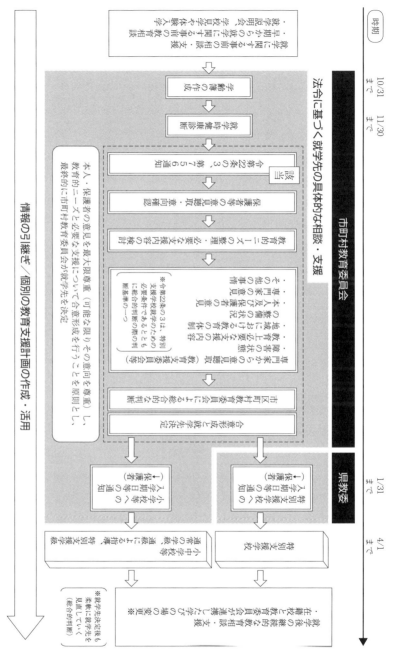

法令に基づく就学先の具体的な相談・支援

情報の引継ぎ／個別の教育支援計画の作成・活用

図3-1　障害のある児童生徒の就学先決定について（手続の流れ）

出典：文部科学省ホームページ　https://www.mext.go.jp/content/20210701-mxt_tokubetu01-000016487_04.pdf（374頁）より。

未満のもの又は視力以外の視機能障害が高度のもののうち、拡大鏡等の使用によっても通常の文字、図形等の視覚による認識が不可能又は著しく困難な程度のもの」（学校教育法施行令第22条の3）が在籍しています。視覚による認識が不可能の状態が「盲」、著しく困難な程度の状態が「弱視」ということになります。したがって、盲学校の教育は大きく「盲教育（見えない子どもへの教育）」と「弱視教育（見えにくい子どもへの教育）」に大別することができます。同じ教室に盲児と弱視児とが机を並べることもありますので、どちらの子どもに対しても適切な教室環境、教科書、教材・教具、指示の仕方などの配慮が必要になります。

　教育課程については、小学部であれば小学校学習指導要領に準ずる各教科、道徳科、外国語活動、総合的な学習の時間及び特別活動のほか、自立活動を加えて編成します。「準ずる」とは、「原則として同一」ということを意味しています。さらに、重複障害のある児童生徒も在籍していることから、各教科の各学年の目標や内容を下学年の教科の目標や内容に替えたり、知的障害特別支援学校の各教科に替えたりするなど、柔軟な教育課程の編成ができるようになっています（中学部、高等部も同様）。

　教育課程の大きな特徴は、「見えない」「見えにくい」ことによる学習上または生活上の様々な困難を主体的に改善・克服するために必要なことを学ぶ自立活動が位置づけられていることです。自立活動は、学部・学年や障害の程度によらず全ての児童生徒が必ず学び、個別指導が原則となっています。義務教育段階における主な内容は次のとおりです。

　①保有する視機能の活用と向上を図ること
　②認知や行動の手がかりとなる概念の形成に関すること
　③感覚の補助及び代行手段の活用に関すること
　④状況に応じたコミュニケーションに関すること
　⑤身体の移動能力に関すること

　具体的な指導内容は、個々の障害の状態等を十分に把握したうえで個別の目標が設定され、決定されることになりますが、自分の眼疾患に関する理解、弱視レンズなどの視覚補助具の活用、歩行指導、点字指導、ICT機器の活用、

日常生活動作、他者との関わり方など多岐にわたっています。

(2) 弱視特別支援学級

　必要に応じて、小・中学校等（高等学校は含まず）には、弱視特別支援学級が設置されています。教育課程については、学校教育法施行規則第138条により、特別の教育課程によることができます。この特別の教育課程についての具体が小学校（中学校）学習指導要領に示されており、自立活動を取り入れること、各教科の各学年の目標や内容を下学年の教科の目標や内容に替えたり、知的障害特別支援学校の各教科に替えたりするなどが考えられます。

　特別の教育課程は「できる」規定となっていますが、見えにくさによる困難がある児童生徒が在籍していることから、ほぼ全ての弱視特別支援学級で自立活動の時間が設定されています。

　例えば、視知覚や視機能の状態により、書字や地図の読み取りや運動の模倣などに困難な状況があり、通常の学級における合理的配慮を含む必要な支援を受けても、授業内容の理解が不十分となるなどの困難が生じる教科もあります。この場合、弱視特別支援学級において視知覚や視機能の向上を図る学習や、地図やグラフ等の資料を効率的に読み取るため視覚補助具の活用方法を学習する等の指導を系統的かつ継続的に行います。

　弱視特別支援学級での指導にあたっては、一人ひとりの子どもの障害の状態等に応じた指導内容や指導方法の工夫を検討し、適切な指導を行うことが大切です。特別支援学級で学んだことによって、学習や社会生活への適応の状態が改善され、一斉授業での内容がわかり、学習活動に参加している実感・達成感をもてる状況に変容してきた場合には、通常の学級への在籍や通級による指導での学びを検討していきます。

(3) 通級による指導（弱視）

　通常の学級に在籍している子どものうち、視覚障害の特性に応じた支援が必要な子どもについて、大部分の授業を在籍している学級で受けながら、それに加えて、または一部の授業に替えて、視覚障害による学習上や生活上の困難を改善・克服するための指導を弱視通級指導教室などの場で行うもので

す。学校によっては、「目の教室」などと呼ばれていることがあります。

　教育課程については、学校教育法施行規則第140条により、特別の教育課程によることができます。その際、特別支援学校学習指導要領で示す自立活動の内容を参考として、具体的な目標や内容を定めて指導を行うことが、小学校（中学校）学習指導要領に示されています。

　通級による指導（弱視）では、通常の学級における教科等の学習におおむね参加できますが、視覚障害による学習上または生活上の困難を改善・克服するための指導が継続的に必要な子どもが学んでいます。

　例えば、通常の学級において拡大教材等を活用したり、教室内の座席位置の配慮などの支援を受けても新出漢字の定着に時間がかかったり、理科や社会等の一部の教科において資料の活用などに時間を要したり、時間内にノートをとることができなかったりして、授業内容の理解が不十分になるなどです。このような場合、視知覚や視機能の向上を図る学習や、地図やグラフ等の資料を効率的に読み取るための視覚補助具の活用方法について弱視通級指導教室で学習することが大切になります。その際、ここで学習したことが、通常の学級での学習に生かされるようにすることが重要です。したがって、学級担任や教科担任と通級担当者との連携が欠かせません。

　通常、通級による指導（弱視）は、市町村教育委員会が設置しますが、専門性のある教員を配置することが難しいこともあり、盲学校が小学校内にサテライト教室を開設し、盲学校の教員を派遣して、指導を受けもつケースが増えてきています（図3-2）。

（4）通常の学級

　通常の学級においては、小・中学校等で編成される教育課程、つまり障害のない児童生徒と同じ教育課程で学ぶことになり、一斉の学習活動が基本となります。

　しかし、視覚障害のある児童生徒が各教科等を学ぶ場合、例えば理科の色の変化を読み取る観察や実験が難しかったり、うまくできなかったりすることがあります。そこで、学級担任や教科担任等が、拡大教材や触覚教材等を活用することや、実験や観察の際に危険のない範囲で近づいて見ることがで

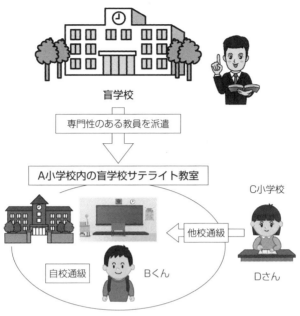

盲学校

専門性のある教員を派遣

A小学校内の盲学校サテライト教室

C小学校

他校通級

自校通級　Bくん

Dさん

図3-2　サテライト教室のイメージ

きるようにする、照明や外からの光の入り方に配慮して教室内の座席の位置
を検討する等で、見えにくさへの配慮を行うようにします。近年、ICT機器
が活用されることが増えてきました。また、本人自らが見えやすくする環境
を調整できるようにすることも大切です。しかし、見えない・見えにくいと
いうことを周りに言いたがらず、学習や生活に積極的に取り組めないことも
あります。そこで、安心して能動的に学習できる環境を作ることが大切と
なってきます。学校や学級担任、周囲の障害のない子どもたちの理解と関わ
りが大きく影響することも忘れてはなりません。

③ 指導計画の作成や教育課程の実施における指導上の配慮

　視覚障害のある児童生徒の各教科等の指導計画の作成と指導内容の取扱い
は、小学校学習指導要領等の第2章以下に示されているものに準ずる必要が
あります。しかし、見えない・見えにくいことによる特性や様々な困難があ

43

ることから、指導にあたっての配慮が求められます。

例えば、ラジオ体操をどのように覚えたでしょうか。前に立っている先生の「大きく手を振って」などのかけ声と実際の動きを真似ることで覚えたのではないでしょうか。しかし、視覚障害のある児童生徒は、先生の動きを見て真似ることはできません。また「大きく手を振って」と言うだけでは、縦に振るのか横に振るのか、バイバイの動きのことなのか、わかりません。そこで、視覚障害教育においては、教師が実際に手を添えたり、「両手を左右にまっすぐ伸ばしてから、下にさげましょう」など、動きがイメージできるよう具体的な声がけをするなどの配慮が必要となります。

各教科等の指導にあたっての基本的な配慮事項は、特別支援学校小学部・中学部学習指導要領では5項目、特別支援学校高等部学習指導要領では6項目が示されています。ここでは、各配慮事項の概要を述べますが、併せて学習指導要領解説を参照するようにしてください。

同じ内容の配慮事項もあれば、小・中学部から高等部へと発展的に示されている配慮事項もあります。また、ここに示されている事項が配慮事項のすべてではないこと、小・中学部と高等部と別に示されていますが、児童生徒の障害の状況等によっては、両方の配慮事項を参考とすべきことに留意が必要です。

（1）小学部・中学部における配慮事項
1）的確な概念形成と言葉の活用

「（1）児童が聴覚、触覚及び保有する視覚などを十分に活用して、具体的な事物・事象や動作と言葉とを結び付けて、的確な概念の形成を図り、言葉を正しく理解し活用できるようにすること。」（文献3、p.3）

視覚障害のある児童生徒は、視覚による情報収集の困難から、限られた情報や経験の範囲で概念が形成されたり、理解が一面的だったりすることがあります。「スイカ」という言葉を知っていても、それはいつも切り分けられたものであり、大きくて重くて丸いものであることは知らないといった例です。これを視覚障害教育では「バーバリズム」といわれています。ただしく概念を形成できるよう、観察や実験、操作活動などを通じた直接体験によっ

て具体的なイメージを形づくったり、見学・調査などの体験的な学習などによって経験の拡充を図ったりすることが必要です。また、他者の考えを聞く、必要な情報を調べる、読書をするなどの学習活動により、多くの語彙や多様な表現に触れられるようにすることも重要です。

2）点字等の読み書きの指導

「(2) 児童の視覚障害の状態等に応じて、点字又は普通の文字の読み書きを系統的に指導し、習熟させること。なお、点字を常用して学習する児童に対しても、漢字・漢語の理解を促すため、児童の発達の段階等に応じて適切な指導が行われるようにすること。」（文献3、p.4)

視覚障害のある児童生徒が、普通の文字と点字のどちらを常用するかは大切な問題です。「視力が○○未満になったから点字」のように一律に判断するのではなく、視力や視野の程度、眼疾患の状態、学習効率、本人の希望や意欲などの観点から総合的に判断することが大切です。また、点字使用者もコンピュータやスマートフォン等の情報端末機器を日常的に活用することも考慮して、音声化されたときの漢字や漢語の同音異義の理解や漢字変換も含めた指導が必要です。

普通の文字の指導については、基本漢字を徹底して指導するなど漢字の読み書きの指導が重要です。また、教科書等の縦書き・横書きなどのレイアウトに慣れ親しんだり、視覚補助具を活用して速く読み書きができるようにしたりすることも大切です。

視覚障害教育においては、点字に対して普通の文字のことを「墨字」と表現することが多いので覚えておくとよいでしょう。

3）指導内容の精選等

「(3) 児童の視覚障害の状態等に応じて，指導内容を適切に精選し、基礎的・基本的な事項から着実に習得できるよう指導すること。」（文献3、p.5)

この配慮事項は、視覚障害のある児童生徒に教科の指導をするうえで、最も重要な配慮のひとつです。ここでいう指導内容の精選とは、例えば、「体育」等で球技を取り扱う場合、視覚的模倣や空間的な把握が困難なことから、ルールの説明や基本的動作を習得する内容に精選して指導することです。見えないことや危険だからという理由だけで、安易に球技を取り扱わないとい

うことではありません。

　また、視覚障害のある児童生徒は、初めての内容を理解することには時間を要することがありますが、その内容の本質の理解や基礎的・基本的な事項の習得が十分であれば、それをもとに予測し、演繹的に推論したり、考えを深めたりすることができます。

4）コンピュータ等の情報機器や教材等の活用

　「(4) 視覚補助具やコンピュータ等の情報機器、触覚教材、拡大教材及び音声教材等各種教材の効果的な活用を通して、児童が容易に情報を収集・整理し、主体的な学習ができるようにするなど、児童の視覚障害の状態等を考慮した指導方法を工夫すること。」（文献3、p.5）

　GIGA スクール構想のもと、パソコンやタブレットといった学校におけるICT 機器等は、いまや文房具のひとつとなり、その活用が当たり前になってきています。これらは視覚障害教育においては新たな出来事ではなく、以前から積極的に活用されてきています。いまや盲児もスマートフォンを使いこなす時代です。ICT 機器は日進月歩で進化しており、教員が常に ICT に関する情報をアップデートしておくことが大切です。

　ここでは、ICT のみならず、視覚障害教育ならではの触覚教材、拡大教材、音声教材についても示していることに留意が必要です。視覚を活用した学習が困難な児童生徒は、聴覚や触覚から情報を得て学習します。そこで、音声教材や触覚教材を活用したり、モデル実験を行ったりするなど、視覚的な情報を聴覚や触覚で把握できるように指導内容・方法を工夫していくのです。

5）見通しをもった学習活動の展開

　「(5) 児童が場の状況や活動の過程等を的確に把握できるよう配慮することで、空間や時間の概念を養い、見通しをもって意欲的な学習活動を展開できるようにすること。」（文献3、p.7）

　視覚障害のある児童生徒は、空間や時間の概念の形成が十分でないために、周囲の状況や事象の変化の理解に困難が生じる場合があることから、位置や時間経過などを把握できるようにする配慮が必要となります。例えば、家庭科や美術などの授業で使用する道具や材料がどこに置いてあり、授業展開に伴って自分がどのように動いて道具や材料を使えばよいのかが事前に理解で

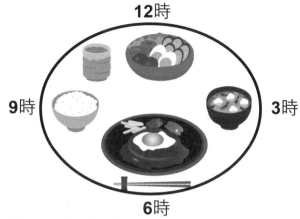

（例）9時の方向にご飯があります。おかずのハンバーグは6時の方向
にあります。

図3-3　クロックポジション（食事場面）

きると、見通しをもって安心して学習を進められるようになります。なお、
空間の概念を養うには、地図や図形の系統的な指導により概念形成を図った
り、自分を基準とした位置関係などを把握したりできるように指導を重ねる
ことが大切です。覚えておくと便利なものに、位置を時計の文字盤になぞら
える「クロックポジション」（図3-3）という方法があります。同様に、時
間の概念を養うには、授業の流れや活動の手順を説明する時間を設定する、
活動の最初から最後までを通して体験できるようにする、友達の活動状況な
ど周囲の状況を説明するなどの方法があります。

（2）高等部における配慮事項

1）点字又は普通の文字等に関する配慮

「(1) 生徒の視覚障害の状態等に応じて、点字又は普通の文字等による的
確な理解と豊かな表現力を一層養うこと。なお、点字を常用して学習する生
徒に対しても、漢字・漢語の意味や構成等についての理解を一層促すため、
適切な指導が行われるようにすること。」（文献4、p.261）

中学部までに文字の読み書きの基礎を身につけていることを前提とし、文
字や図等を速く的確に読み取る力を高めることを示しています。中途で視覚

障害が進行するなどした生徒については、現在の視力や視野、眼疾患の状態、読速度など学習の効率性、本人の希望や意欲等を考慮して、学習や読書等に際して常用する文字を点字にするか、普通の文字にするかを決定する必要があります。そのうえで、コンピュータの読み上げ機能が有効な場面があるので、生徒の状態に応じて活用できるようにする必要があります。

　文字の読み書きの力は、文字を用いて自分の考えをまとめたり、情報を他者に正確に伝えたりする際に重要な役割を果たします。さらには、主題を明確にして、取材メモなどを活用して書きたい事柄を充実させ、的確な用語を選択して文を組み立て、必要に応じて推敲を加えるなどにより、文字による豊かな表現の力を高めることにもつながります。

2）視覚的なイメージを伴う事柄の指導

　「(2) 視覚的なイメージを伴わないと理解が困難な事象や習得が難しい技能については、既習の内容や経験と関連づけながら、具体例を示すなど指導方法を工夫して、理解を深め習得を促すようにすること。」（文献4、p.262）

　高等部では、各教科・科目の内容が多岐にわたり、多様な事象について理解を深めることが求められます。視覚障害のある生徒は、視覚による情報収集に困難があることから、視覚的なイメージを伴い、他の感覚で実態を捉えることが難しい事象などでは、理解が曖昧だったり、一面的だったりすることがあります。その際、これまでの経験や知識と関連づけた具体的な説明を加えることで、事象の理解を深めることができるようになります。

　「鮮やかな新緑」という視覚イメージを伴う例で考えてみます。これまで学習してきた触地図において、際立ってはっきりしていることを「鮮やかな線」と表現できる例を用いることで、新緑も「周りから際立ってはっきりしている色あい」であることを説明できるというわけです。さらに、調理人の際立って目立つ見事な包丁使いを「鮮やかな包丁さばき」と表現することも加えるなどすると、イメージはさらに確かになるでしょう。また、運動・動作をイメージ化して技能の習得につなげることもできます。保健体育のダンスで両手を上下に交互に動かす動作を、「たいこを叩く」といったように、既習の動作に置き換えて確かなイメージをもたせたりするような例も考えらます。このように視覚的なイメージを伴う事象や技能については、既習の内

容や経験と関連付けながら理解を促すとともに、自分から調べたり、様々な学習場面で用いてみたりするなど積極的な態度を養うことが大切です。

3）指導内容の精選等

「(3) 生徒の視覚障害の状態等に応じて、指導内容を適切に精選し、基礎的・基本的な事項を確実に習得するとともに、考えを深めていくことができるよう指導すること。」（文献4、p.263）

　指導内容の精選についての基本的な考え方は、小学部・中学部における配慮事項で示したとおりで、指導の工夫や配慮により履修が可能であるにもかかわらず、見えないことなどを理由に各教科・科目の内容を安易に取り扱わなかったり、省略したりすることは、指導内容の精選にはあたらないことに留意が必要です。

　高等部では改めて基礎的・基本的な事項の確実な習得をすることと、既に身につけている基礎的・基本的な事項と関連づけて深く理解したり、自分の考えを形成したりすることを示しています。考えを深めるために観察や実験など直接体験の機会を設ける場合、指導の順序や観察・実験等の内容や方法を工夫することや、必要に応じて教師が事象について説明を補うなどの配慮をすることで、効率的・効果的に学習できるようにすることが大切です。

4）主体的に学習を進めるための教材等の活用

「(4) 視覚補助具やコンピュータ等の情報機器、触覚教材、拡大教材及び音声教材等各種教材の活用を通して、生徒が効率的に多様な情報を収集・整理し、主体的な学習ができるようにするなど、生徒の視覚障害の状態等を考慮した指導方法を工夫すること。」（文献4、p.264）

　この規定は、小学部・中学部における配慮事項と同様の規定です。しかし、高等部では、中学部に比べて教科・科目の内容が大幅に増え、難しくなり、授業展開も速くなります。したがって生徒は、視覚障害による情報の制約を補うことにとどまらず、多様な情報を素早く読み取り、主体的に学習できる能力と態度を養うことが必要になります。そのためには、触覚教材や拡大教材、音声教材等の教材・教具を効果的に組み合わせて活用するだけではなく、様々な視覚補助具や情報機器（ICT）等を活用して、効率的に情報を収集できる力を育成することが重要になってきます。

特に、コンピュータ等の情報機器（ICT）は、視覚障害者が情報を収集・発信することを容易にしますし、様々な機能をもつようになっているので、有効に活用できるようにしたいものです。その際、情報モラルについても十分な指導が必要です。なお、授業で使う教材等や様々な方法で得た情報をわかりやすく整理しておくことも重要です。このことが「主体的な学び」につながっていきます。

例えば、情報の記録と管理のために、教科ごとのファイルを作ったうえで通し番号をつけたり、必要な情報をすぐに取り出せるようにインデックスをつけるなどです。また、よく使う資料は取り出しやすい場所に置いておくなどして活用を容易にしたり、電子データについても適切に整理したりできるようにしておくことが必要です。

5) 見通しをもった学習活動の展開

「(5) 生徒が空間や時間の概念を活用して場の状況や活動の過程等を的確に把握できるよう配慮し、見通しをもって積極的な学習活動を展開できるようにすること。」（文献4、p.265）

生徒が実験、実技、実習等での活動を通して各教科・科目の内容の理解を深めるためには、授業が行われている教室等の場の状況や自分の位置関係を十分に把握できていることが必要です。また、時間の経過に伴い状況等が変化する場合、変化の全体像と現在の状況についての理解も重要となります。しかし、視覚情報が不足することで、状況の把握と判断に困難を来すことがあります。

例えば、体育でのパラスポーツ（球技）で、人やボールがどのような位置にありどう動いているのか、また、その中での自分の位置や動き、空間的な位置関係や役割分担、さらには、時間的経過による変化などが理解できるよう指導方法等を工夫することが大切となります。学習活動に見通しをもてるように配慮や工夫をすることは、「意欲的な学び」をさらに進め、見通しをもって粘り強く取り組み、自己の学習活動を振り返って次につなげる「主体的な学び」の実現につながります。

6) 高等学校等を卒業後、社会経験を経て高等部に入学した生徒への対応

「(6) 高等学校等を卒業した者が、社会経験を経るなどした後に、専門学

科又は専攻科に入学した場合においては、その社会経験等を踏まえた指導内容となるよう工夫すること。」（文献 4、p.266）

　盲学校には、高等学校等を卒業して一定期間を経てから、視覚障害の進行等をきっかけに理療科等の専門教育を主とする学科に入学する生徒がいます。このことから、設けられている規定です。実際、専攻科等には中途障害の成人の生徒が大勢在籍しており、60 歳以上の生徒が在籍することもあります。

　このような生徒は、入学までの社会経験や実務経験等により、一定の資質・能力が養われていることがあります。一方で、高等学校等を卒業した後に社会生活の期間が長くなっていることなどから、各教科・科目の基本的な内容について振り返りを要する場合もあります。そこで、入学した者の年齢、入学するまでの経験又は勤労状況その他の実情を踏まえ、各教科・科目の目標を達成できるよう、各教科・科目の発展的な内容を加えて指導したり、基礎的・基本的な事項から指導したりするなど、十分な配慮が必要となります。

　また、視力の著しい低下により、読字や書字の困難がある生徒も多く在籍しています。コンピュータ等情報端末を活用してデータの拡大や読み上げ機能を活用して情報を収集したり、フェルトペンを使って書いたりするなど、個に応じて視覚障害を補う効果的な学習方法を身につけられるようにする必要があります。その際、障害の心理的な受容、点字の書字や触読など、個々の生徒の実態によって対応が異なることに留意しなければなりません。

＊　　　＊

　以上、特別支援学校小学部・中学部学習指導要領から 5 項目、特別支援学校高等部学習指導要領から 6 項目の盲学校における配慮事項を示しましたが、盲学校には視覚障害と他の障害を併せ有する児童生徒も在籍していることから、他の障害における配慮事項についても参照しておくことが大切です。

　筆者注：中学部も同様の規定。「児童」を「生徒」と読み替えてください。

引用・参考文献 ─────────────────────────────

1）文部科学省（2017）「特別支援学校小学部・中学部学習指導要領（平成 29 年告示）」。
2）文部科学省（2019）「特別支援学校高等部学習指導要領（平成 31 年告示）」。

3）文部科学省（2018）『特別支援学校学習指導要領解説　各教科等編（小学部・中学部）（平成 30 年 3 月）』開隆堂出版。

4）文部科学省（2020）『特別支援学校学習指導要領解説　総則等編（高等部）（平成 31 年 2 月）』ジアース教育新社。

・文部科学省初等中等教育局特別支援教育課（2022）『障害のある子供の教育支援の手引——子供たち一人一人の教育的ニーズを踏まえた学びの充実に向けて』ジアース教育新社。

（青木隆一）

第4章

視覚障害教育における教材・教具

　視覚障害教育における教材・教具として、まず、教科書について触れ、次に点字や触図作成に関わる機器や視覚補助具等について具体的に紹介します。さらに、視覚障害児の学習を支える教材や教具として学習指導要領解説に記載されているものの中から、特に感光器、表面作図器、触読用ものさし、作図器セット、視覚障害者用そろばんなどを取り上げます。

① 視覚障害教育で用いられる教科書について

　教科書は、小学校、中学校、高等学校、中等教育学校及びこれらに準ずる学校において、教育課程の構成に応じて組織配列された教科の主たる教材として位置づけられ、児童生徒が学習を進めるうえで重要な役割を果たしていることはいうまでもありません。教科書には、文部科学省の検定を経た教科書（文部科学省検定済教科書）と、文部科学省が著作の名義を有する教科書（文部科学省著作教科書）があります。さらに、特別支援学校や特別支援学級において、適切な教科書がないなど特別な場合には、これらの教科書以外の図書を教科書として使用することができます（学校教育法附則第9条）。さらに、これまでの紙の教科書を主たる教材として使用しながら、必要に応じて学習者用デジタル教科書を併用することができることとなっています。

（1）点字教科書

　特別支援学校（視覚障害）で使用している点字教科書は、文部科学省著作教科書とそれ以外の点字出版社が作成したものを学校教育法附則第9条の規

定により点字教科書として使用しています。点字教科書の中で文部科学省著作教科書は小学部の国語社会、算数、理科、英語、道徳、中学部用の国語、社会（地理的分野、歴史的分野、公民的分野）、数学、理科、外国語（英語）、道徳となっています。これ以外の教科については、点字出版社が作成したものを使用していますが、これらについても小学校や中学校の検定教科書の中からの各出版社が設定したものを、点訳上で必要な修正を行ったうえで出版されています。

　なお、文部科学省著作点字教科書の編集にあたって、文部科学省は「点字教科書の編集資料」を公表しています。この資料には、全教科にわたる編集の経緯、編集の基本方針、点字教科書取扱い上の留意事項と教科ごとの編集の具体的方針、編集の具体的内容、参考資料などが整理されています[1]。編集の大原則は次のとおりです。

　①原典教科書の内容そのものの大幅な変更は行わないこと。

　②やむをえず原典教科書の内容を修正したり、差し替えたりする場合には、児童の特性を考慮するとともに、必要最小限にとどめること。

　③特に図、表、写真等の取扱いは、慎重に行い、できるかぎり原典教科書に沿った点訳ができるように工夫すること。

　加えて、国語の教科書編集資料には、点字の初出一覧及び表記に関する学習事項が学年ごとに整理されていたり、他の教科についてもそれぞれ編集の具体的内容について、大幅な「修正」、「差し替え」、「追加」なども示されています。表4-1に令和2（2020）年4月の「特別支援学校（視覚障害）小学部点字教科書理科編集資料（3年）」の修正・追加の一部を抜粋しました。日常生活の中での経験や理解、さらに空間認知能力など考慮し、単元に大幅な変更が行われていることがわかります。この内容をみても、本編集資料は特別支援学校（視覚障害）の教師は必ず目を通す必要がある必須の資料であることが理解できます。

（2）拡大教科書

　平成20（2008）年6月に「障害のある児童及び生徒のための教科用特定図書等の普及の促進等に関する法律」（教科書バリアフリー法）が成立し、小学

表4-1　点字教科書における修正・追加の例

○　3年「7　太陽の光を調べよう」（修正、追加）

　　視覚に障害のある児童は、日常生活において光を実感することが困難であることから、光の導入段階の実験を追加した。具体的には、児童の実態を考慮し、光を「あたたかさ」としてとらえる段階から、感光器を用いて、光を「明るさ」として理解する段階に進めた。さらに、光が直進することや鏡で反射することを感光器を用いて調べるようにした。

○　3年「6　太陽とかげを調べよう」→　4年「7-1　太陽とかげを調べよう」（移行）
　　4年「7　月や星の見え方」→「7-2　月や星の見え方」（修正）

　　光やかげは触れることも聞くこともできない性質のものであるため、視覚障害のない児童であれば3年生までの成長の過程で獲得するであろう光とかげに関する基礎的な理解等は、先天性の盲児の場合、困難であるが多い。そのため、盲児がかげについて学習するためには、空間中の「太陽（光源）―遮蔽物―かげの位置関係」を科学的・論理的に理解する必要があることから、かげについて学習する前に光の性質を理解しておく必要がある。そのため、原典教科書の教材配列とは異なり、「6　太陽とかげを調べよう」の前に「7　太陽の光を調べよう」を学習することとした。

　　また、盲児は空間的な概念を形成することに困難さがある。「太陽（光源）―遮蔽物―かげの位置関係」を理解するために必要な空間認知能力が、第3学年という発達段階では十分に身に付いていない場合があることから、より空間認知能力が身についてくる第4学年で「6　太陽とかげを調べよう」を取り扱うこととした。

　　第3学年の「6　太陽とかげを調べよう」は「地球と天体の運動」に関わる内容であることから、学習内容の領域を考慮し、第4学年の「地球と天体の運動」に関わる内容の「7　月や星の見え方」の直前に配置した。

　　以上のことから、点字教科書内の配列としては、第3学年の「6　太陽とかげを調べよう」は第4学年の「7-1　太陽とかげを調べよう」として配置した。

　　なお、児童の障害の状態や発達段階等に応じて、点字教科書では第4学年に移動した「7-1　太陽とかげを調べよう」を原典教科書どおりの配列で扱うなど、柔軟に対応すること。

校及び中学校の義務教育段階の弱視児用拡大教科書が整備されることとなりました。教科書バリアフリー法では、文部科学大臣は、教科用特定図書等について標準規格を策定・公表するとともに、教科書発行者には標準規格に適合する教科用特定図書等を発行する努力義務が課せられました。文部科学大臣が定めた標準規格の中の基本的体様としては、次の3点となっています。

①本文の文字の大きさは、22ポイント程度（小学校3年までは発達段階を考慮して26ポイント程度）のものを基準の版とする。

②基準の版を基にして、1.2倍程度の単純拡大により、26ポイント程度（小学校3年までは発達段階を考慮して30ポイント程度）の版も作成する。

③また、基準の版を基にして、0.8倍程度の単純縮小により、18ポイント程度（小学校3年までは発達段階を考慮して22ポイント程度）の版も作成する。

以上のように、基本を18、22、26ポイントの文字の大きさとする3種類の拡大教科書が発行されることになりました。ただし、ポイント数を変化させるために版の大きさも変化しますので、B5版22ポイントの拡大教科書が基準の場合には、18ポイントの場合はA5版、26ポイントの場合はA4版の教科書サイズとなります。

　さらに、弱視児は十人十色の見え方といわれるように、眼疾患や視機能の状況により見え方は様々です。そのために教科書出版社から発行されている拡大教科書ではなく、ボランティア団体が作成した拡大教科書を利用することも可能となっています。そのため教科書バリアフリー法では教科書デジタルデータをボランティア団体にも提供できることとしています。なお、教科書出版社から発行される拡大教科書もボランティア団体が作成した拡大教科書も附則第9条に基づく教科書となります。

　拡大教科書は、視覚補助具を用いることなく、自分の視機能の状態にあった見やすい文字の大きさで提供されるために学習するにあたって欠くことのできないものであることはいうまでもありません。ただし、「拡大教科書普及推進会議第二次報告」（文部科学省、2009）にある、弱視レンズや拡大読書器等の視覚補助具や情報機器等を活用するなどして、自らの力で効率的に文字処理等できるような力を育てることが極めて重要であるという指摘への取組みも並行して必要でしょう[2]。

（3）デジタル教科書

　デジタル教科書については、第7章でも解説していますので、あわせて確認してください。

　学校教育法等の一部を改正する法律（平成30年法律第39号）により、これまでの紙の教科書を主たる教材として使用しながら、必要に応じて学習者用デジタル教科書を併用することができることとなりました。このデジタル教科書は、紙の教科書と同一の内容がデジタル化された教材であり、教科書発行者が作成するものとされています。そのため、動画・音声やアニメーション等のコンテンツは、学習者用デジタル教材と位置づけられておりデジタル教科書と組み合わせて活用して学習の充実が図られることが期待されて

います。また、児童生徒の学習を充実させるために、教育課程の一部において、紙の教科書に代えて学習者用デジタル教科書を使用できることとされていますが、特別な配慮を必要とする児童生徒等に対しては、教育課程の全部においても、紙の教科書に代えて学習者用デジタル教科書を使用できることとなっています。特別な配慮を必用とする者としては、視覚障害や発達障害等の障害、日本語指導が必要なこと（日本語に通じないこと）、これらに準ずるもの（色覚特性や化学物質過敏症等）により紙の教科書を使用することが困難な児童生徒とされています。なお、教育課程の全部において、紙の教科書に代えて学習者用デジタル教科書を使用する場合であっても、紙の教科書を用意しておくことが必要とされていることに留意しておく必要があるでしょう。

② 点字関係

点字を常用する児童生徒の筆記具としては、点字盤と点字タイプライターをあげることができます。

(1) 点字盤

点字盤は、点字版、点字定規、点筆の3点の総称として用いられています（図4-1）。さらに、点字用紙1枚分を書くことができる点字盤を「標準点字盤」と呼んでいます。この標準点字器では1列32マス、18行の点字を書くことができます。点筆は丸形や平形などの種類があり、さらに大きさにもバリエーションがありますので、児童生徒が使いやすいものを選ぶことも大切です。また、点筆はタコ糸などで点字定規の右端にある小さな穴に結びつけることが一般的になっています。なお、標準点字盤以外に、携帯用点字器も市販されていますの

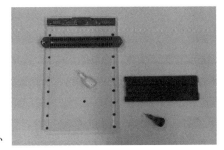

図4-1　点字盤

で、それぞれの用途に応じての利用の仕方の指導も必要になります。

　点字を書くときには、点筆を用いて上から下に押し込むようにするために凹面書きとなります。そのため、書くときには右から左へと書いていくことなり、読むときには点字用紙を裏返して凸面を上にして、左から右へ読んでいくことになります。このような状況に加えて、点字を書く際には点字定規の小さなマスに点筆で1点1点打っていくために手指の巧緻性が必要であり、点字入門期には後述する点字タイプライターによる学習が効率的であると考えられています。ただし、点字盤の使用場面や有用性は学習が進むと高くなりますので、適切な時期に点字盤を用いて点字が書けるように指導していく必要があります。

(2) 点字タイプライター

　点字タイプライターは、点字の1マスを構成する6つの点に対応する6個のキーを押し下げて点字を打つために、1回のアクションで1マスを書くことができます。特別支援学校（視覚障害）で一番多く活用されている点字タイプライターは、アメリカ製のパーキンスブレーラーです（図4-2上）。両手の人差し指、中指、薬指の計6本の指で対応するキーを操作して1文字ずつ点字を書いていきます。凸面で点字が打ち出されるので書いた文字をすぐに読むことができます。価格が高額であること、重量も4Kgを越えるなど携帯性の不便さはありますが、点字導入期に用いられることが一般的です。

　国産のタイプライターとしては、2017年にテラタイプという点字タイプライターが復刻されました（図4-2下）。キーの配列はパーキンスブレーラーと同一です。凹面書きですが、タイプライターの本体上部を引き上げると、書いた文字をすぐに確認することができます。パーキンスブレーラーと比較して、小型、軽量化となっており携帯性にも富んでいます。

図4-2　点字タイプライター

なお、残念なことに、製造が中止となってしまいましたが、特別支援学校（視覚障害）にはアポロブレーラー、ライトブレーラー（通称：カニタイプ）などがまだ備品として現存していることも多いのではないでしょうか。

③ 触図

主として、点字を常用して学ぶ子どもの学習に用いる触覚教材に関して、立体コピー、サーモフォーム、表面作図器、点図について説明します。

（1）立体コピー

立体コピーは、熱に反応して膨らむカプセルペーパーという特殊な用紙に図などをコピーし、専用の現像機に通して熱を加えることにより、トナーがついた黒い部分が浮き上がり、比較的簡便に触図を作成するための道具です。浮き上がる線等の高さを変化させることができないため高低差の表現はできませんが、同一の原版からを複数の触図を作成することが可能です。また、原版をパーソナルコンピュータで作成する場合は、点字フォントを用いることにより触図中に点字を付加することも可能となります。

なお、立体コピーについては、第7章でより詳しく説明しています。

（2）サーモフォーム

サーモフォームは、立体的表現に優れ、地図など複雑な形態も作成することができます。原版の上にプラスチック製のシートを被せて熱処理し、シートを軟化させたうえでコンプレッサーで下から空気を抜いて原版とシートを密着させることにより、原版に忠実な凹凸を正確にコピーした触察用の教材を作成することができます。その一方で、原版の作成にあたっては、多大な時間や手間を要してしまいますが、一度作成した原版は繰り返し使用することができます。

立体コピーの普及に伴いサーモフォームを活用している特別支援学校（視覚障害）は少なくなっていると聞いていますが、精密でさらに高低の表現も可能であるという特徴を改めて確認する必要もあるでしょう。

（3）表面作図器

表面作図器はレーズライターともいい、ゴム敷の作図板の上にセロハン用紙をのせ、その上からボールペン等で線や図形、文字などを書くと、その部分が凸線となり、触覚による認知することができるようになるものです。その場で教師が図を書いて説明したり、児童生徒が自分で作図したりする場面で有効に利用されています。専用のセロハン用紙は、透明なものと透明フィルムと和紙とを合わせた用紙の2種類があります。後者の用紙のほうが破れにくく、書いた線が見やすいために、盲児と弱視児が一緒に学んでいる場合などにも有効だと考えられます。和紙と組み合わされた用紙を用いる際は、和紙を筆記面として使用します。

また、表面作図用シリコンラバーというものもあり、用紙の吸いつきがよく、ずれにくかったり、盲人用作図器を固定するためのピンが打ちやすかったりします。

（4）点図

パーソナルコンピュータと点字プリンタ、さらに触図作成ソフトの開発により、比較的に容易に点図が作成できるようなりました。触図作成ソフトには下図の取込みが可能なものもあります。3種類の点の大きさと点間の密度やパターンを変えることにより、ある程度の表現が可能となっています。点字を簡単な図や表の中に入れたり、点字の文章と連続性をもった図を含めた教材を作成したい場合には有効な方法です。

④　視覚補助具

弱視児が用いる代表的な視覚補助具である弱視レンズと拡大読書器を紹介します。なお、拡大読書器については、第7章でも説明していますのであわせて確認してください。

（1）弱視レンズ

弱視児者が視覚補助具として用いるルーペや単眼鏡等を視覚障害教育関係

図4-3　遠用弱視レンズ

図4-4　近用弱視レンズ

者は弱視レンズと呼んでいます。さらに、黒板など比較的遠方の情報を視認する際に用いられる単眼鏡などを「遠用弱視レンズ（図4-3）」、教科書やものさしの目盛りなど手元の情報を拡大するときに用いるルーペ等を「近用弱視レンズ（図4-4）」と、機種や用途によって分類する場合もあります。ただし、「遠用弱視レンズ」は、必ずしも遠くの情報を取得するためだけに用いられる視覚補助具ではないことを理解しておくことが重要です。円筒型の単眼鏡では数十センチの対象から無限遠までピントが合いますので、掲示板やバスの時刻表やショーウィンドウの中の商品など、比較的に短い視距離の対象物にも対応することができます。「遠用」ということばにとらわれずに、様々な使用場面を児童生徒に伝えていく必要があります。また近用弱視レンズには、卓上型、手持ち型、眼鏡型などの種類があります。五十嵐・小林・稲本（1995）は、弱視レンズの器種を選定する際のポイントとして次の6点を挙げています[3]。

　① 見ようとするものを視認できるだけの倍率があること。
　② 実視界ができるだけ広く、明るいこと。
　③ 像の歪みができるだけ少ないこと。
　④ 長時間保持しても疲れにくい形状、大きさ、重さであること。
　⑤ ピント操作が容易であること。
　⑥ 多少乱暴に扱っても壊れない堅牢性があること。

(2) 拡大読書器

　拡大読書器は、カメラを通して写した像を直接モニター画面に表示する装置で、CCTV（closed circuit television）とも呼ばれます。現在、日常生活用具給付制度の給付品目にもなっていることから、弱視児者に広く浸透し始めている視覚補助具と考えてよいでしょう。なお、大倉・五十嵐（1995）は、視覚補助具としての拡大読書器と弱視レンズは、その性能や使いやすさを比較される場合もあるが、長所と短所が相反するために、比較することは無意味であり、一人ひとりの視機能の状況や活用場面によって使い分ける必要性があることを指摘しています。大倉ら（1995）は、拡大読書器の秀でた性能は、像の正確性とピントの持続性にあることを示し、視対象を正確に見ようとすれば弱視レンズの比ではないことを述べたうえで、拡大読書器が適した使用場面として7点を挙げています[4]。同様に、青木・中野（1999）も、拡大読書器の5つの利点を示しています[5]。これらの知見を整理すると、弱視レンズと比較しての拡大読書器の有効な場面やメリットは次のような点にあると考えられます。

① 高倍率の拡大が必要な場合

② 羞明があるなど白黒反転されたほうが見やすい場合

③ 楽な姿勢で見ることができるという点

④ 画面の明るさやコントラスト見やすい状態に調節できる点

　また、かつては、弱視レンズと比較される中で「拡大読書器は練習しなくても使いこなすことができる視覚補助具である」という評価もありましたが、例えば、森田（2000）が、拡大読書器を使うと目が疲れる、頭痛がしてくる、車酔いのような状態になるという話を聞くことがあると指摘しています[6]。さらに、自身の経験をベースに拡大読書器の使用方法について、可動テーブルの動かし方や目の使い方、筆記具を用いる際の留意事項を提案しています。弱視児童・生徒に活用を考える場合も、基本的な操作方法からしっかりと使用技術を伝える必要があるでしょう。

　また、近年普及しているタブレット型携帯端末を拡大読書器と同様の視覚補助具として活用されることも増えていきました[7]。特に小学校等で在籍している場合には、移動教室でも対応できることから、今後の活用事例の蓄積

が期待されます。

5 視覚障害児の学習を支える教材・教具

（1）感光器

　感光器（図4-5）は光の明暗の変化を音の変化に変える器具で、視覚障害教育、特に理科の実験や観察においてはなくてはならないものです。明るい光には高い音を、暗い光には低い音が出ます。光の強弱ばかりでなく水溶液の色の変化や指示薬の色の変化、沈殿の有無の確認、図4-6のように振り子の動きや周期の測定などにも用いられています[8]。

（2）触読用ものさし

　視覚障害者用として、30cmのものさし（図4-7下）が市販されています。これは、1mm、5mm、10mmごとに長さの異なる凸線と、5cm、10cmごとに凸点がついています。さらに、弱視でも見やすいような配色とフォントの

図4-5　感光器

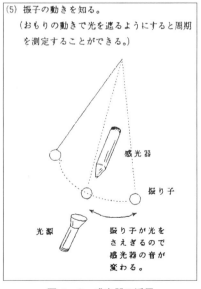

(5) 振子の動きを知る。
　（おもりの動きで光を遮るようにすると周期を測定することができる。）

感光器

振り子

光源

振り子が光をさえぎるので感光器の音が変わる。

図4-6　感光器の活用

工夫がなされています。なお、1mmの目盛りは弱視用であり、盲児は指先の二点弁別閾の関係等もありこの目盛りを指先で読むことはありません。さらに、盲児でも測定しやすいように、端の余白はありません。

図4-7　触読用ものさしと作図器セット

（3）作図器セット

　盲人用として、三角定規一組、分度器、ぶんまわし（コンパス）のセットが開発され、市販されています。いずれも凸点と凸線の目盛つきです。また、これらの作図器は表面作図器とあわせて使用されますので、固定用のピンもセットに含まれています（図4-7上）。

　三角定規は、斜辺の目盛りが15cmでA（60°、30°、90°）、B（45°、45°、90°）の2枚1組で、2枚とも5mmきざみで凸目盛りがつけられています。さらに定規を固定させるためにピンをさす小さな穴があけられていること、2枚の定規を組み合わせて平行線をひく場合、ずれにくいように定規の縁に段差を設けて2枚の定規がかみあうようになることなどの工夫が施されています。

　盲児がコンパスの替わりに円を描く道具をぶんまわしと呼んでいます。一方の端をピンで留め、5mm間隔であけられている穴に表面作図器で用いるボールペンの先を入れて、ぶんまわしを回転させます。このぶんまわしでは、半径0.5〜6.5cmの円が描けます。分度器の特徴のひとつは、中心点及び0〜180°の基準線が指先で認知しやすいように基線部分に半円形の切りこみが入れられている点にあります。また短い線分でできた角を測定するために中央部を半円形であけて10°ごとに切りこみが入れてあります。

（4）視覚障害者用そろばん

　点字では筆算ができないために、盲児は計算にそろばんを用います。そのために小学部の算数点字教科書には小学校2年生の別冊として珠算変が編纂

されています。盲人用のそろばんは
軽く触れただけでは珠が動かないよ
うに、また、指先で読み取りやすい
ように珠を前後に倒しやすい形状と
なっています（図4-8）。さらに、
入門期用に軽く触れた程度では動か
ないようにスプリングが入ったもの
もありますが、慣れてくるとスムー
ズな運指の妨げとなることも指摘さ

図4-8　盲人用そろばん

れているので、習熟にあわせて適切なものを選択する必要があります。なお、
大学入試センターの「大学入学共通テスト」の点字解答においては、解答に
必要な点字器等は、志願者が持参することになっていますが、その中の具体
例としてそろばんが含まれています。

6 弱視児用の教材・教具の工夫

　弱視児用に特別に開発された教材や教具はあまり多くはありません。また、
弱視児用の教具は準備されている場合にはそれを用いる子どももいれば、一
般に市販されているものを使用している子どももいます。弱視児の教育にあ
たっては、見えやすく、使いやすく、学習しやすい教材・教具を準備するこ
とを大前提として、稲本ら（1994）は図4-9に示すような弱視児適した教
材・教具の工夫を提案しています[9]。まず、①市販の教材・教具の使い方に
習熟させ、②その使い方を工夫し、また③一般に市販されている教材・教具
の中から弱視児に適したものを探し、次いで④市販の教材・教具に改良を加
え、それでも対応できない場合は⑤弱視児用の教材・教具を自作する、ある
いは⑥盲児用の教材・教具を使用するといった流れです。ここでは、弱視児
に適した教材・教具を中心に紹介します。

（1）弱視用ノート
　図4-10に示したような、罫線の太さや罫線の色に配慮した弱視用ノート

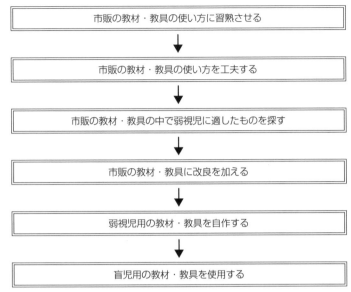

図4-9　弱視児用の教材教具の工夫の流れ

図4-10　弱視用ノート

図4-11　弱視児が使用したノート

が市販されています。

　一方で、市販されている学習ノートや大学ノートを活用している弱視児も
います。弱視だから弱視用のノートを使用させるのではなく、その子の視機
能の状況や学習経験等に基づき、より適切なものを選択することが大切です。
図4-11に小学校1年生の弱視児が使用したノートの一部を示しました。先
天性網脈絡膜萎縮で両眼近距離視力は、0.03、最大視認力は0.2（5cm）でし

た。まだ上手に運筆ができていない点もありますが、一画目が枠の外に飛び出ているところはありません。枠からのはみ出しをみると、枠の右側や下側でこれらは自分の手が邪魔をして罫線が見えにくかったり、枠の大きさのイメージがまだ十分にできていなかったためと考えられます。この弱視児は、後に常用する文字は点字に切り替えました。それくらいの視機能の弱視児でも市販されている学習ノートを使用できていたという点に注目してください。

　なお、筆記用具を考える際、弱視児にとっては鉛筆よりもＢや2B程度の芯を入れた0.7mm～0.9mmのシャープペンシルが使いやすく、綺麗なノートをとれることは視覚障害教育関係者にはよく知られています。

（2）作図器について

　図4-12の上段のものさしは弱視児用のものさしとして市販されているものです。中段と下段のものは一般のものさしです。低学年のときには弱視用のものさしを使用し、学年が上がるにしたがって市販のものの使い方になれたり、使い方を工夫するという方向性をもつことは大切だと考えています。さらに、図4-13の左下の分度器は、これまで弱視児に使いやすいといわれてきた市販の分度器です。その理由のひとつは、比較的シンプルであること、それに加えて、測りたい角の底辺と0～180°の基準線が合わせやすいことにあります。最近は図4-13の右下のように、弱視児にとってわかりやすい0～180°の基準線がエッジになっているものも容易に入手できるようになりました。

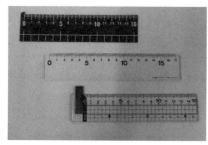

図4-12　ものさし

図4-13　分度器

図4-14　コンパス

図4-15　穴をあけたものさしとコンパス

　また、習熟するまではコンパスで円を描くことに苦労している弱視児も多くいます。このため、弱視児には時間をかけてていねいに使い方に習熟する指導が行われてきていますが、図4-14のような特別なキャップが付属し、そのキャップを握って回すだけで円が描けるコンパスも市販されています。このようなコンパスを導入期に用いることにより、習熟までの期間を短くすることが期待できます。

(3) 改良の工夫

　図4-15は、市販のものさしに小さな工夫を施したものです。具体的には、ものさしの0の目盛りに小さな穴をあけています。この穴はコンパスの半径をとる際に、針を引っかけて固定する時に利用します。弱視児の触るように目を近づけている視認知状況や近用弱視レンズを用いている場合では、コンパスの針と鉛筆の先を同時にとらえることは不可能です。針が固定されることにより、安心して鉛筆の先に注意を向けられるようになります。

＊　　＊

　視覚障害教育で用いられる教材・教具を概観しました。これらは、児童生徒が主体的に活用するものもあれば教師が教材を作成したり学習を進めるために用いるものもありました。前者においては、上手に活用するために経験を積み重ねたり、練習を必要とすることをあらためて確認する必要があるでしょう。

引用・参考文献 —————

1）文部科学省（2020）「特別支援学校（視覚障害）小学部点字教科書の編集資料」
https://www.mext.go.jp/a_menu/shotou/tokubetu/material/1402966_00001.htm（2022年7月31日最終閲覧）。

2）文部科学省（2009）「拡大教科書普及推進会議第二次報告」
https://www.mext.go.jp/a_menu/shotou/kyoukasho/1282331.htm（2022年7月31日最終閲覧）。

3）五十嵐信敬・小林秀之・稲本正法（1995）「弱視レンズの処方の実際」、稲本正法他編著『教師と親のための弱視レンズガイド』コレール社、101–112頁。

4）大倉慈之・五十嵐信敬（1995）「弱視児の学習援助」、稲本正法他編著『教師と親のための弱視レンズガイド』コレール社、29–44頁。

5）青木成美・中野泰志（1999）「その他の視覚補助具の活用」、大川原潔他編『視力の弱い子どもの理解と支援』教育出版、185–197頁。

6）森田茂樹（2000）『拡大読書器であなたも読める！　書ける！——選び方・使い方のポイント』大活字。

7）氏間和仁（2012）「弱視教育とiPadの活用——その基本的な考え方」、『視覚障害教育ブックレット19』、14–22頁。

8）小保方英雄（1997）「盲学校における理科実験（小・中・高）の工夫」、『日本視覚障害理科教育研究会会報』No.16、4–8頁。

9）稲本正法・鉄升千穂・中川紀美子・鈴木英隆・中川暮美・竹浦佐英美・小中雅文・小林秀之・大倉滋之・芦田愛五・五十嵐信敬（1984）「小学校における弱視児の教科指導に関する実践的研究（12）——Ⅱ–②弱視児に適した教材・教具の工夫」、『弱視教育』第31巻第4号、1–8頁。

（小林秀之）

第5章 視覚障害教育における自立活動の基本と指導

本章では、視覚障害教育における自立活動の目標と内容、実態把握の方法、個別の指導計画、教科と自立活動の指導との関連等を解説した後、自立活動の指導の実際として、弱視レンズ活用指導を取り上げます。

① 自立活動とは

(1) 自立活動の目標

「自立活動」という用語は、平成11 (1999) 年から用いられています。それ以前は「養護・訓練」とされていました。自立活動は、『特別支援学校小学部・中学部学習指導要領（平成29年4月公示）』第7章第1目標において次のように示されています[1]。

> 「自立活動は、個々の児童又は生徒が自立を目指し、障害による学習上又は生活上の困難を主体的に改善・克服するために必要な知識・技能・態度及び習慣を養い、もって心身の調和的発達の基盤を培う。」

自立という語の響きは、他者からの助けを借りずに自分一人で物事を行うイメージがもたれますが、自立活動における「自立」とは、児童生徒がそれぞれの障害の状態や発達の段階等に応じて、主体的に自己の力を可能なかぎり発揮し、よりよく生きていこうとすることを意味することが、学習指導要領解説自立活動編に示されています[2]。加えて、「改善・克服」については、改善から克服へといった順序性を示しているものではありません。また、「調和的発達の基盤を培う」とは、一人ひとりの児童生徒の発達の遅れや不均衡を改善したり、発達の進んでいる側面をさらに伸ばすことによって遅れ

ている側面の発達を促すようにしたりして、全人的な発達を促進することを意味していることを理解しておくことも重要です。

ここで、合理的配慮と自立活動の考え方についても整理しておきます。学校教育の中では、障害のある児童生徒が平等に教育を受けられるようにするための合理的配慮が実施されています。例えば、弱視児童生徒に対する拡大教科書や拡大教材の準備は、この合理的配慮にあたります。一方で、弱視児童生徒が保有する視機能では見えにくい対象を主体的にとらえようとするときには、弱視レンズ等の視覚補助具を活用します。ただし、これらの道具を使いこなすためには、活用のための指導が必要となることが一般的です。この活用指導は、見えにくいという学習上または生活上の困難を主体的に改善・克服できるよう自立活動の指導として、視覚障害教育では大切にされてきています。合理的配慮の確実な実施とあわせて、懇切かつていねいな自立活動の指導の重要さを改めて認識する必要があります。

(2) 自立活動の内容

自立活動の内容は、人間としての基本的な行動を遂行するために必要な要素と、障害による学習上または生活上の困難を改善・克服するために必要な要素から、表5-1にある6区分27項目として示されています[1]。この内容の取扱いにも留意が必要です。小学校や中学校学習指導要領等に示されている各教科等の「内容」は、すべての児童生徒に対して必ず指導する必要がありますがその一方、自立活動の内容は、児童生徒に、そのすべてを指導すべきものとして示されているものではありません。具体的な指導内容は、6区分27項目の中から必要とする項目を選定したうえで、それらを相互に関連づけて設定することとされています。

上記の弱視レンズ等の視覚補助具の活用指導を例にして考えると、単に6区分のうちの「4　環境の把握」だけでなく、自分自身の得たい情報をしっかり得ることができ、そのことが自信につながれば「2　心理的な安定」に区分されている内容とも密接に関わってきます。

表 5 - 1　自立活動の内容（6 区分 27 項目）

1　健康の保持
　　(1) 生活のリズムや生活習慣の形成に関すること。
　　(2) 病気の状態の理解と生活管理に関すること。
　　(3) 身体各部の状態の理解と養護に関すること。
　　(4) 障害の特性の理解と生活環境の調整に関すること。
　　(5) 健康状態の維持・改善に関すること。
2　心理的な安定
　　(1) 情緒の安定に関すること。
　　(2) 状況の理解と変化への対応に関すること。
　　(3) 障害による学習上又は生活上の困難を改善・克服する意欲に関すること。
3　人間関係の形成
　　(1) 他者とのかかわりの基礎に関すること。
　　(2) 他者の意図や感情の理解に関すること。
　　(3) 自己の理解と行動の調整に関すること。
　　(4) 集団への参加の基礎に関すること。
4　環境の把握
　　(1) 保有する感覚の活用に関すること。
　　(2) 感覚や認知の特性についての理解と対応に関すること。
　　(3) 感覚の補助及び代行手段の活用に関すること。
　　(4) 感覚を総合的に活用した周囲の状況についての把握と状況に応じた行動に関すること。
　　(5) 認知や行動の手掛かりとなる概念の形成に関すること。
5　身体の動き
　　(1) 姿勢と運動・動作の基本的技能に関すること。
　　(2) 姿勢保持と運動・動作の補助的手段の活用に関すること。
　　(3) 日常生活に必要な基本動作に関すること。
　　(4) 身体の移動能力に関すること。
　　(5) 作業に必要な動作と円滑な遂行に関すること。
6　コミュニケーション
　　(1) コミュニケーションの基礎的能力に関すること。
　　(2) 言語の受容と表出に関すること。
　　(3) 言語の形成と活用に関すること。
　　(4) コミュニケーション手段の選択と活用に関すること。
　　(5) 状況に応じたコミュニケーションに関すること。

出典：文献 1）より。

(3) 自立活動の具体的な指導内容

　具体的な指導内容の決定に際しては、まず個々の児童生徒の障害の状態、発達や経験の程度、生育歴等の状態を的確に把握します。次に、この実態把握に基づき指導すべき課題を抽出し、課題相互の関連を整理したうえで個々の実態に即した指導目標を明確に設定します。さらに、この指導目標を達成するために必要な項目を表 5-1 の中から選定し、各項目を相互に関連づけて具体的な指導内容を設定していきます。

このことからも、自立活動の指導内容は、児童生徒一人ひとりによって異なることが理解できます。一方、視覚障害による学習上または生活上の困難を主体的に改善・克服するために必要な知識・技能・態度及び習慣を養うという視点に立つとき、指導目標は異なっていても、共通する指導内容も存在しています。こうした内容を香川（2016）が、表5-2のように39項目に整理しています[3]。ただし、これらは一人の児童生徒がすべての内容を学習しなくていけないというものではありません。視覚障害教育における重要な内容であるととらえてください。加えて、どのような指導であっても、主体的に障害を改善・克服していこうとする意欲づけに関する事項を含めて指導していくことが重要となります。

　ところで、三浦・小林（2004）は、全国の盲学校中・高等部に在籍する単一弱視生徒に対する自立活動の実態を調査し、実際に自立活動として実施されている指導内容を整理しています[4]。その結果、パソコン指導が60.8％、漢字指導が28.8％、日常生活訓練指導が28.5％、歩行指導が19.6％、点字指導が16.4％、弱視レンズ活用指導が9.8％、障害の理解・受容に関する指導が9.2％と続いていました。

　これらの中で、弱視レンズ活用指導の割合が低くみえますが、対象が中学部と高等部であるため自立活動の時間の中での基礎的な活用技術はすでに修得している生徒が多いことと推測できます。一方、第2位にある漢字指導が気になります。漢字指導を行っている理由を確認すると、漢字の学力に遅れがあるため（66.0％）、基礎学力の向上のため（20.0％）、本人・保護者の希望（13.0％）が上位3件でした。漢字指導を展開しなくてはならないという必要性は理解できますが、漢字指導は自立活動ではなく、国語科を中心として指導すべき内容であると考えられます。この漢字指導の例を考えると、表5-2にある視覚障害教育における自立活動の中心的な指導内容を把握しておけば、自立活動領域の指導としてより適切な内容が選定できるのではないでしょうか。

表5-2　自立活動の具体的な指導内容

(1) 両手によって対象物の手触り、形、大きさ、構造、機能等を観察する指導
(2) 保有する視覚によって、対象物の形や大きさ、色彩、構造、機能等を観察する指導
(3) 近用や遠用の弱視レンズ類を用いて、対象物を巧みに認知する指導
(4) 直接音や反響音によって物の存在や環境の状態を認知する指導
(5) においや味によって飲食物の状態や環境の状態を認知する指導
(6) ボディイメージや身体座標軸、空間座標軸を形成する指導
(7) 教室、廊下、建物、道路、市街等の地理的空間概念を形成する指導
(8) 座位や立位において正しい姿勢を保持する指導
(9) バランスよくまっすぐに歩く指導
(10) たえず変化する環境の状況を把握しながら歩行や運動を行う指導
(11) 自分の歩行軌跡を表現したり、表現した軌跡どおりに歩いたりする指導
(12) 白杖を用いて、安全で能率的に歩く指導
(13) 道路の構造や交通規則を理解して、歩行環境を総合的にまとめあげる指導
(14) 安全で能率的な歩行を行うために、事前に必要な情報を収集し計画を立てる指導
(15) 手指の粗大運動や微細運動を巧みに行う指導
(16) 作業の種類に応じて、安全で能率的な姿勢を保持する指導
(17) ブロックや粘土等を用いて立体の構成を行う指導
(18) 線状のゴム磁石等を用いて、平面上に図形を表現する指導
(19) 表面作図器等を用いて、作図や描画を行う指導
(20) 調理等において、二つ以上の作業を並行して行う指導
(21) マナーを含めて、適切に食事を行う指導
(22) 適切な動作で排泄する指導
(23) 洗面、手洗い、洗髪、髪の手入れ等ができ、身だしなみに気をつける指導
(24) 引き出し、タンス等を整理して、必要な物をいつでも取り出せる指導
(25) 衣服の洗濯やプレス、繕い等で衣服を管理する指導
(26) 買い物や金銭のやり取りを行う際、貨幣や紙幣を見分ける指導
(27) 献立の作成、材料の購入、調理、後かたづけ等を円滑に行う指導
(28) 室内外の清掃、部屋の換気や温度調節、家具の配置等を適切に行う指導
(29) 身ぶりサインや一語文等を用いて意思の相互伝達を行う指導
(30) 場に応じて声量を調節したり、相手の声の調子から、言語以外の情報を聞き取る指導
(31) 相手の方を向いて話す等、場に応じて自然な形で対話できる指導
(32) 中途失明者に対する点字の指導
(33) 点字タイプライター、各種の点字器あるいは携帯用点字器を用いて、点字を書く指導
(34) 盲児に対する普通の文字の指導
(35) コンピュータ等を用いて、点字と普通の文字の相互変換を行う指導
(36) コンピュータを用いた様々な情報処理のための指導
(37) 携帯電話を有効に活用する指導
(38) 自己の障害についての理解に関する指導
(39) 自己の障害との関連における、生活規制や医療的ケアに関する指導

出典：文献3) より。

② 個別の指導計画の作成と授業時数について

(1) 個別の指導計画の作成上の配慮

　特別支援学校小学部・中学部学習指導要領（第7章第3の2）には、個別の指導計画の作成にあたっての配慮が示されています[1]。①実態把握、②指導目標（ねらい）の設定、③具体的な指導内容の設定、④評価についての4点です。さらに、個別の指導計画に基づく指導は、計画（Plan）―実践（Do）―評価（Check）―改善（Action）のサイクル（PDCAサイクル）で進められなければならないとされています。まず、実態把握に基づいて指導すべき課題を抽出し、指導すべき課題の相互の関連を検討し、長期的及び短期的な観点から指導目標（ねらい）が設定されます。作成された個別の指導計画に基づいた実践の中では、つねに児童生徒の学習状況を評価し、指導の改善が図られます。この評価を踏まえて見直された計画により、児童生徒にとってより適切な指導が展開されることが期待されます。このように、個別の指導計画に基づく指導においては、このPDCAサイクルを確立し、適切な指導を進めていくことが極めて重要とされています。

　具体的な指導内容の設定に関しては、次の7つの内容を取り上げるように示されています。①主体的に取り組む指導内容、②改善・克服の意欲を喚起する指導内容、③発達の進んでいる側面を更に伸ばすような指導内容、④自ら環境と関わり合う指導内容、⑤自ら環境を整える指導内容、⑥自己選択・自己決定を促す指導内容、⑦自立活動を学びことの意義について考えさせるような指導内容です[1]。

(2) 実態把握について

　個別の指導計画の作成にあたっての実態把握は、いろいろな方法で行われることと思います。前年度から指導が継続する場合は、前年度の個別の指導計画に記載されている内容や指導記録は重要な情報となります。実態把握においては、児童生徒の課題や困難に目が向いてしまいがちですが、長所やその子のよいところを把握することも重要となります。あわせて、保護者から

の情報収集や保護者の願いなどを把握すること、視覚障害教育の場合は特に眼科関係者からの情報についても実態把握としては欠かせない内容です。

　実態把握においては、各種の検査法を用いることもあります。ただし、視覚障害児用に開発された検査は少なく、例えば発達検査でみても、『広 D-K 式視覚障害児用発達診断検査』を挙げることしかできません。また、この検査の適用年齢は 0 歳〜 5 歳とされていますが、発達診断プロフィール表は 3 歳までしか準備されていませんので、実際的には発達年齢 3 歳までにしか活用できないという限界もあります。これ以上の発達年齢である場合には、視覚的な行動に関する項目に留意しながら一般の発達検査を用いることになります。

　ここで、視覚障害教育では重要となる視力検査と視野検査を取り上げます。どちらも眼科において実施されますが、教育に資する情報収集の一環として学校内で教師によって行われることも多く、あえて教育的視機能検査と称されることもあります。

1）視力検査

　教育的視力検査として行われる内容は、5m の視距離で測定される遠距離視力、30cm の視距離で測定される近距離視力、眼を好きなだけ近づけた状態で測定する最大視認力の 3 種類です。教育的には、遠距離視力は黒板などある程度の距離にあるものがどれくらい見えるのか、近距離視力は机の上などの距離にあるものがどれくらい見えるのか、最大視認力は弱視児が「目で触る」と表現されるくらい極端に対象に目を近づけているときにどれくらい細かいものまで見えているのかを把握しようとしています。

　視力検査時の視標の照度は 300 〜 700 ルクスの明るさとされていますが、教育的視力検査の特徴としては、これにこだわらず普段生活している教室内で測定します。加えて、遠距離視力と近距離視力では、通常は片眼を遮へいして左右それぞれの視力値を測定しますが、遮へいをしない両眼の視力も測定します。これは、学習・生活場面において、両目とも開けていることが一般的ですので、この状態でどの程度見えているのかを把握するためです。加えて、一般の視力検査では、5m で 0.1 の視標の判別がつかないときには、0.1 視標を用いて 50cm ずつ視距離を短くして 0.1 未満の視力値を検査しま

すが、0.02 〜 0.09 の視力値を 5m の視距離で測定できるランドルト環（第 2 章参照）を自作している教育現場も多くあります。これは、一般的な方法で 0.02 の視力値を測定しようする場合の視距離は 1m となりますので、これが遠距離なのか近距離なのかを教育的に判断しづらい側面もあるための対応です。

　最大視認力の測定は、近距離視力用ランドルト環単独視標を用いて、最も見やすい距離で検査し、これで認知できた視標の大きさとそのときの視距離をもって最大視認力とされています。最も見やすい距離で測定しますので、児童生徒に近距離視力用ランドルト環単独視標を手渡して自由に見てもらっている状態で、左右のどちらの眼を用いているのか、そのときの視距離がどの程度であるか確認します。

　さらに、測定された視力値は、弱視レンズの処方・選定の際に活用されたりしますが、児童生徒の見え方を類推するうえでも重要な情報となります。視力とは、対象の細部構造を見分ける能力で、測定にはランドルト環を用い、識別できる最小視角（分）の逆数をもって視力とする小数視力が採用されています。ここで、視力と最小視角の関係を表 5-3 に示しました。視力 1.0 の最小視角は 1.0 分であるのに対して、視力 0.1 では 10.0 分、視力 0.02 では 50.0 分となっていることがわかります。このことは、視力が 0.1 の児童生徒は、視力 1.0 の者と比較して、同じ距離から視認するためには 10 倍の大きさに拡大しないと見えないということですし、同じものを見るのであれば 10 分の 1 の距離まで近づく必要がある、ということが理解できます。同様に視力 0.06 の児童生徒であれば 16.7 倍に拡大するか、16.7 分の 1 の距離まで近づかなくてはない程度の見え方なのだ、というように考えることができます。

2）視野検査

　視野とは、眼球を動かさないで見える範囲であり、健常視野は上側 60 度、鼻側 60 度、下側 70 度、耳側 100 度の広がりがあるといわれています。視野の検査は、眼科で行われ、視野計を教師が使用することはありません。視野に関する情報は、保護者や眼科医から得るほか、行動観察により、下方向の視野が狭そうだ等の判断をすることもあります。さらに、この行動観察の結

表5-3　視力と最小視角（分）の関係

視力	最小視角	視力	最小視角
1.0	1.0		
0.9	1.1	0.09	11.1
0.8	1.3	0.08	12.5
0.7	1.4	0.07	14.3
0.5	2.0	0.06	16.7
0.4	2.5	0.05	20.0
0.3	3.3	0.04	25.0
0.25	4.0	0.035	28.6
0.2	5.0	0.03	33.3
0.15	6.7	0.025	40.0
0.1	10.0	0.02	50.0

表5-4　対座法

① 教師と弱視児が50cmほど離れて向かい合う。
② 弱視児の右眼の視野を測定しようとする場合は、弱視児に手で左眼をふさがせて右眼で教師の左眼を注視させる。
③ 教師は右眼をつぶって、開いている左眼で弱視児の右眼が動かないように監視し続ける。
④ 教師は自分の指（白い紙片等）を弱視児との中間に出し、これを移動視標として各方向に動かす。
⑤ 教師がまだ見えているのに、弱視児がこれよりも手前で見えなくなれば、それだけ視野が狭いことが判断できる。

出典：文献5）より作成。

果をより具体的に確認する方法として、対座法があります。原田（1989）が解説している方法を表5-4に整理しました[5]。ポイントとしては、③にある弱視児の眼が動かないように留意すること、④にある自分の指や白い紙片が、教師と弱視児のちょうど中間距離に出ていることにあります。

（3）自立活動の授業時数

　自立活動の指導は、時間割に設定されている自立活動の時間とあわせて、各教科、道徳科、外国語活動、総合的な学習の時間及び特別活動の指導を通じても適切に行うこととされています。特に、学習指導要領解説自立活動編には、「自立活動の指導は、学校の教育活動全体を通じて行うものであり、自立活動の時間における指導は、その一部であることを理解する必要があ

る。」と強調されていることに留意する必要があります[2]。例えば、弱視レンズの活用のための基礎的な指導は、自立活動の時間において懇切かつていねいな指導が実施される必要があります。これに加えて、学習や日常生活場面での積極的な活用を促すためには、学校の教育活動全体を通じて指導する必要があります。特別支援学校（視覚障害）は、盲の児童生徒が見えなくても学べる環境であること、弱視児童生徒にとっても見やすい環境が整備されているがゆえに、弱視レンズの使用を理解するための活用場面を意図的に設定する必要があります。図5-1には、広島県立広島中央特別支援学校が研究授業等で使用していた授業コメントシートを示しました。これは研究授業等の際に参観した教師が、参観後に提出し研究協議会に活かされるものです。このシートで注目していただきたいのは、「3　自立活動・技術的側面（自立活動との関連及び幼児児童生徒が享受する技術的側面について）」の項目が設定されている点です。ここには、教科等の研究授業においても自立活動領域として取り組んでいる内容について、研究協議会で参加者一同で確認しよう、とする意思が表れています。そして、自立活動の指導は、学校の教育活動全体を通じて行うものという趣旨が十分に理解されているととらえることができます。

　なお、自立活動の標準授業時数は学習指導要領には示されていません。これは、個々の児童生徒の障害の状態や特性及び心身の発達の段階等に応じて、適切に定めるものとされているからです。ただし、自立活動の時間を確保しなくてよいということではありません。また、自立活動の時間に充てる授業時数は、学校教育法施行規則第51条別表第1、第73条別表第2に示される各学年の総授業時数の枠内に含まれることになっています。その一方で、児童生徒の実態に即して適切に設けた自立活動の時間に充てる授業時数を各学年の総授業時数に加えると、総授業時数が小学校や中学校の総授業時数を上回る場合が多くなりますので、児童生徒の実態及びその負担過重について考慮し、各教科等の授業時数を適切に定めることが大切です。なお、平成元年告示の「盲学校、聾学校及び養護学校小学部・中学部学習指導要領」では、自立活動の前身である「養護・訓練」に充てる授業時数は、年間105単位時間と示されていました。当時、この年間105単位時間では多すぎるとか、少

※コメントシートは各協議会場にも用意しておりますので，１協議会につき１枚を御記入ください。

授業コメントシート

○授業参観者氏名（　　　　　　　　　　）
○研究授業：該当するものに○をつけてください。

　小学部重複障害　　　小学部単一障害　　　中学部　　　高等部普通科　　　高等部理療科

★　該当する項目にコメントしてください　★

１　心理的側面（幼児児童生徒の　興味・関心・意欲・態度等に関して）

《観点》
○幼児児童生徒の学習の様子（学習指導案との関連）
○学習の雰囲気を高める教師の働きかけ（発問，指示，説明等の言葉掛け）
○教材・教具の工夫（幼児児童生徒が意欲・関心を持つような学ぶ手立てや工夫）

２　教科的側面（関連する，又は該当教科の目標・内容について）

《観点》
○授業構成（導入・展開・まとめの一連の流れの適切さ）
○学習指導案（教科目標の達成，「個別の指導計画」との関連）
○評価内容・方法（幼児児童生徒の実態と授業のねらいの妥当性）
○板書計画，ノート計画（幼児児童生徒にとっての分かりやすさ）
○教材やその掲示方法等

３　自立活動・技術的側面（自立活動との関連及び幼児児童生徒が享受する技術的側面について）

《観点》　○指導内容，指導方法，支援方法（幼児児童生徒の実態からの適切さ）

４　その他
　　※特に幼児児童生徒が主体的に活動をしたと思われる場面があればお書きください。

図5−1　広島中央特別支援学校における授業コメント・シート

81

なすぎるという話題を聞くことはなかったように覚えています。現在は児童生徒の障害の状態や特性等により適切に定めることが大原則ですが、自立活動の時間を設定する際の目安が必要となる場合は、これを参考にしてもよいのではないかと考えています。

③ 自立活動の実際

(1) 弱視レンズ活用指導について

自立活動の実際として、導入期の弱視レンズの活用に関する指導をみていきます。導入期の指導においては、多くの学校、学級で表5-5に示した稲本ら（1984）の「年少弱視児用弱視レンズ基本訓練プログラム」[6]を参考に適宜アレンジして活用されています。

この指導プログラムは、生活や学校の授業の中で弱視レンズを活用するために必要な最低限度の使用技術を身につけることを目的として開発されたものです。このプログラムの適用は、就学前1年から小学校1年生までの2年間を想定し、小学校入学前には遠用弱視レンズの初歩的な使い方を習得し、近用弱視レンズに関しては小学校1年生から活用指導を開始することとしています。これは、小学校の学習環境を考えると、黒板等の距離のあるところからの情報入手には、入学当初から遠用弱視レンズが必要となるためです。一方で、手元に引き寄せることのできる教科書等は比較的大きい文字サイズが用いられているために見えにくさを感じる場面が少ないことから、近用弱視レンズはゆっくりとしたスタートになっています。

この指導プログラムの具体的な目標は、①見たいものに、ピントが固定されたレンズを素早く向ける、②見ようとするものに素早くピントを合わせる、③0.5秒程度の瞬間に提示される文字を認知する、④左右方向に一定のスピードで動く文字を認知する、⑤近づいてくるものに素早くピントを合わせる、の5つの基礎的な使用技術の習得です。それとともに、板書の読み、板書の視写、バスや電車の行き先表示や信号などの認知ができることとしています。近用弱視レンズでは、①一文字の認知、②単語の認知、③20〜50文字の短文読み、④100〜150文字の文章の読みというステップを踏み、指導

表5-5　年少弱視児用弱視レンズ基本訓練プログラム

	遠用弱視レンズ		近用弱視レンズ	
	基礎訓練	応用訓練	基礎訓練	応用訓練
Stage 1	1. 視機能検査 2. レンズ処方 3. ラ環・絵・文字の認知—レンズ固定・ピント固定—			
Stage 2	4. ラ環・絵・文字の認知—手持ち・ピント固定— 5. 絵・文字フラッシュⅠ—手持ち・ピント固定— 6. 手持ち・ピント操作Ⅰ 7. 瞬間視	1. 2～4文字の単語読み 1. 紙しばい・スライド・テレビ	1. 視機能検査 2. レンズ処方	
Stage 3	8. 絵・文字フラッシュⅡ—手持ち・ピント固定— 9. 手持ち・ピント操作Ⅱ	2. 短文読み 2. 板書書写 　1〕図形 　2〕単語 　3〕数字・数式 3. 文書読み 3. 板書書写Ⅰ 　1〕短文 　2〕20～50文字の文章	3. ラ環の認知 4. 文字の認知 5. 単語読み	
Stage 4	10. 動体認知 11. 動体へのピント操作	4. 板書書写Ⅱ 　1〕50～80文字の文章 　2〕複雑な板書事項 5. 交通機関	6. 短文読み 7. 文章読み	1. 読書 2. 文章書写
Stage 5				1. 小さな視物の視認

出典：文献6）より一部改編。

プログラムが終了する1年生の終わりには120文字／分程度の読速度で文章を読めることや、速く正確に文章を書写できるようにすることを目標としています。

（2）弱視レンズ活用指導の実際

　ここでは、表5-5に示された「年少弱視児用弱視レンズ基本訓練プログラム」[6]の中から、遠用弱視レンズのStage1と近用弱視レンズのStage2の内容を取り上げます。

1）弱視レンズの処方・選定

遠用弱視レンズ Stage1–1 及び近用弱視レンズ Stage2–2 である視機能検査については、本章第 2 節で簡単に触れましたので、遠用弱視レンズ Stage1–2 及び近用弱視レンズ Stage2–2 にある「レンズ処方」を解説します。

遠用弱視レンズの処方・選定の基準として、次の公式がよく用いられます。ただし、機械的に決定するわけではなく、あくまで一つの基準としてとらえる必要があります。

一般的に必要な倍率＝（0.5 ～ 0.6）／（レンズを覗く目の遠距離視力）

分子の「0.5 ～ 0.6」は視認力と説明されます。小・中学校の教室での授業を想定して、遠用弱視レンズを用いて 5m 先に提示される遠距離視力用ランドルト環の 0.5 あるいは 0.6 の視標が視認できる倍率を選択すればよい、ということです。また、この式からもわかるように、レンズを覗く眼の遠距離視力にレンズの倍率を掛ければ、得られる視認力を予想することができます。具体的には、遠距離視力が 0.08 の場合、7 倍の単眼鏡を用いれば 0.5 以上の視認力が得られるということです。ただし、実際には計算式よりも高い視認力が得られることも多くあります。この理由としては、次の 3 点で説明されます。

ア．視力値には幅があることです。視力 0.08 とは、ちょうど 0.08 の場合もあれば、視力 0.09 に非常に近い場合もあります。後者の場合は、7 倍の単眼鏡を用いた場合に 0.6 の視認力が得られることもあります。

イ．遠用弱視レンズは、遠視や近視といった屈折異常がある場合でもピントの合った像を得ることができます。例えば、裸眼視力が 0.08 であっても矯正眼鏡をかけて 0.1 の矯正視力が得られる場合は、7 倍の倍率で 0.7 の視認力が得られます。

ウ．遠用弱視レンズの実視界の狭さと被写界深度の浅さの関係で、視覚的ノイズが軽減され、提示されているランドルト環を視認しやすくなるという効果も指摘されています。

さらに、弱視レンズのそれぞれの器種の実視界や明るさ、大きさなどの性

能、円筒形タイプか非円筒形のタイプとするかなどを、子どもの視機能の状態や教育的ニーズ、本人の好みなどを踏まえて、最終的に機種を決定していきます。

　一方、近用弱視レンズの処方・選定の時期は、小学校入学直後です。図5-2に、近用弱視レンズの処方・選定の目安を示しました[7]。この図からもわかるように、最大視認力により必要となる近用レンズの倍率を検討していきます。処方・選定のポイントは、当然、子どもたちの学習や生活に活かせるものをということになりますが、一つの条件として図5-2の右の「得られる視認力」にあるように、近距離視力標の0.8のランドルト環を視認することができる倍率のレンズとします。この図には5倍、10倍、15倍が示されていますが、視認力を確認しながら、7倍や12倍といった倍率のレンズで微調整していきます。なお、視認力0.8のレンズを処方・選定する理由は、教科書中のルビ（ふりがな）も視認できるようにするためです。複数の近用弱視レンズを活用し、視対象に応じて使い分ける子どももいますが、小学校低学年段階ではどのような視対象にどのレンズを用いるのかの判断は難しいため、視認力が高いオールマイティな1本のレンズを選定するのが現実的です。

　なお、図5-2のタイトルでは「目安」とされています。なぜこのような

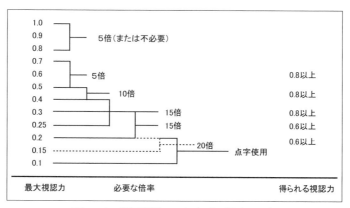

図5-2　近用弱視レンズの処方・選定の目安

出典：文献7）より　部改変。

表現を用いるかというと、ここに示されている最大視認力と必要な倍率は、あくまでも経験則によって示されているに過ぎないからです。このため、最大視認力を測定したときの視距離が長い場合は、必要となる倍率はこれよりも低倍率となります。例えば、最大視認力が0.3、そのときの視距離が10cmの弱視児は、15倍のレンズではなく5倍のレンズで0.8の視認力がでるということがよくあるのです。

2) 遠用弱視レンズ活用指導の実際

表5-5の中の遠用弱視レンズ Stage1-3「ラ環・絵・文字の認知—レンズ固定・ピント固定」の内容を表5-6に示しました[6]。この指導は、提示されるランドルト環や絵カード、文字カードを、あらかじめピントを合わせた遠用弱視レンズを通して認知させるというものです。また、表5-6には、指導の方法や準備物、評価方法などは明記されていますが、この指導で子どもたちにどのような力をつけたいのかなどの細かなことは記載されていませ

表5-6　ラ環・絵・文字の─認知レンズ固定・ピント固定

Stage	訓練名	訓練方法	訓練素材・器具	評価方法と通過基準
Stage1	3. ラ環・絵・文字の認知—レンズ固定・ピント固定—	指導者の提示するランドルト環・絵カード・文字カードを、あらかじめピントを合わせ固定された弱視レンズを通して認知させる。手順は次のとおりである。 ①弱視レンズを三脚に固定する。 ②ランドルト環の場合は5m、絵カード・文字カードの場合は対象児の認知可能な最大距離の80%の距離に指導者が立つ。 ③もう1人の指導者がピントを回すのを手伝ってやり、ピントが合ったかどうかを確かめながら、対象児と一緒にピントを合わせる。 ④「用意ドン」の合図で、ランドルト環、絵カード、または文字カードを提示し、それぞれのカードを認知させる。	・絵カード：「弱視児用形体概念学習カード」（500枚組）の図版、またはB6判の紙に、輪郭など主要部分を0.8mm、細部を0.2mmの太さの黒サインペンで描いた動植物などの絵。 ・文字カード：7cm×7cmの厚紙に、4.5cm×4.5cmの文字を書いたもの。 ・ランドルト環：対象児の認知可能な最小のランドルト環の視力値の80%の視力値のランドルト環。	・正しく認知しているかどうかを判定する。速度は遅くても正確ならば良い。 ・通過基準—レンズに慣れるまで。

出典：文献6）より。

ん。そのために、実際に指導する際には主体的な弱視レンズの活用に結びつくことを大前提として、修得させたい力をイメージしながら個に応じて適切な指導を展開していくことが大切になります。

　この指導の目的は、視線と遠用弱視レンズの光軸を一致させる（まっすぐに覗く）ことにあります。そのため、この指導では、1回ごとにレンズを覗かせることがポイントとなります。子どもがレンズに眼をつけたまま、指導者が提示するカードを繰り返し変えている場面を見かけることがありますが、時間がかかってもカードを変えるごとにレンズから眼を一旦離してからまた覗かせることが重要です。また、中心暗点（視野の中心部に視野障害がある状態）があり偏心視（網膜の中心以外の部位で固視すること）が上手にできていない場合は、この指導に時間がかかることがありますので、あまりに難しそうなときには、偏心視が確立してからこの指導を導入するのがよいと考えています。

3）遠用弱視レンズの導入期の指導上の配慮事項

　弱視レンズの活用指導は、弱視児の自立活動の指導内容として多く取り上げられていますし、指導プログラムなども公表されているため、指導の見通しも立てやすいといわれています。一方で、指導プログラムをみても実施する内容はわかるが、何を指導しているのかがわからないことがあるとか、弱視レンズ活用指導はプログラムに眼を通しただけではわからないことが多く一人で取り組むには不安がある、という声も聞こえてくることがあります。そこで、表5-7に年少弱視児用弱視レンズ基本訓練プログラムを実施するうえで、特に意識して指導する内容を整理しました。

　どの指導であっても、弱視レンズで視認させる文字カードなどは裸眼では視認できない大きさを掲示して、弱視レンズで確認させます。ただし、カードは見えなくてもカードを提示している教師の姿はわかるはずですので、弱視レンズを目にあてる前に、どこにカードが提示されているのかを裸眼で確認させることが重要となります。さらに、学校教育を受けている段階では、子どもたちが遠用弱視レンズを一番多く用いる場面は学校の教室であり、弱視レンズの向く先は黒板になることが多いと思います。黒板を見た後はノートに板書内容を視写しますので、筆記具と遠用弱視レンズを交互に持ち替え

表5-7 弱視レンズ活用指導上の留意事項

Stage	指導内容	配慮事項
Stage1-3	ラ環・絵・文字の認知―レンズ固定・ピント固定―	・視線と固定された適用弱視レンズの光軸を一致させる ・1回ごとにレンズを目にあてる
Stage2-4	ラ環・絵・文字の認知―手持ち・ピント固定―	・視線と手に持った遠用弱視レンズの光軸を一致させる ・肉眼での情報もしっかり活用させる ・見たいところにレンズをぱっと向ける ・非利き手で遠用弱視レンズを持たせる
Stage2-5 Stage3-8	絵・文字フラッシュⅠ―手持ち・ピント固定― 絵・文字フラッシュⅡ―手持ち・ピント固定―	・肉眼での情報もしっかり活用させる ・見たいところにレンズをぱっと向ける ・非利き手で遠用弱視レンズを持たせる
Stage2-6 Stage3-9	手持ち・ピント操作Ⅰ 手持ち・ピント操作Ⅱ	・肉眼での情報もしっかり活用させる ・見たいところにレンズをぱっと向ける ・非利き手で遠用弱視レンズを持たせる ・ピントを素早く合わせる

るより、利き手に筆記具、非利き手で弱視レンズを持たせたほうが効率的だと考えられます。このために、基礎的な弱視レンズ活用指導の当初から、弱視レンズは非利き手で持つものということを徹底するのがよいでしょう。

　なお、弱視レンズは、思春期になると周囲の人から見られることを気にして使用をためらうことがあることが従来から指摘されてきました。だからこそ、低学年から弱視レンズの活用能力や使用することの意欲を高め、自分にとって欠かすことのできない道具であること認識させることが重要です。

＊　　　＊

　自立活動の指導を進めるうえで、一人ひとりの実態を的確に把握することが重要となります。また、自立活動の指導にあたっては個別の指導計画の作成が必須となりますが、それに基づく指導を通して実態把握をさらに深化させ、個別の指導計画を修正していくという姿勢も大切となります。

引用・参考文献 ─────────────────────────────

1）文部科学省（2018）『特別支援学校幼稚部教育要領　小学部・中学部学習指導要領（平成29年4月告示）』海文堂出版。

2）文部科学省（2018）『特別支援学校教育要領・学習指導要領解説　自立活動編（幼稚部・小学部・中学部）平成 30 年 3 月』開隆堂出版。

3）香川邦生（2016）「第 8 章　自立活動の基本と指導」、香川邦生編著『五訂版　視覚障害教育に携わる方のために』慶應義塾大学出版会、154–191 頁。

4）三浦直宏・小林秀之（2004）「単一弱視生徒に対する自立活動の指導内容に関する研究——全国実態調査および指導内容を精選した実践を中心として」、『弱視教育』第 42 巻第 2 号、9–16 頁。

5）原田政美（1989）「3　見える範囲」、『眼のはたらきと学習』慶應通信、30–42 頁。

6）稲本正法・小田孝博・岩森広明・小中雅文・五十嵐信敬（1984）「弱視レンズ訓練プログラムの体系化——その 1　基本訓練プログラムの作成」、『弱視教育』第 21 巻第 6 号、131–147 頁。

7）五十嵐信敬・小林秀之・稲本正法（1994）「弱視レンズの処方の実際」、稲本正法他編著『教師と親のための弱視レンズガイド』コレール社、101–112 頁。

（小林秀之）

第 6 章

点字指導と歩行指導

　視覚障害のある児童生徒の学習内容として真っ先に思い浮かべるのは、点字を読んだり書いたりする学習でしょうか、それとも白杖を使って歩く学習でしょうか。前者の指導を点字指導、後者を歩行指導といいます。いずれも視覚障害のある児童生徒の自立と社会参加を実現するうえで、中核をなす領域です。本章では、それぞれの概要について述べます。

① 点字指導の基本

　点字は、いうまでもなく目の見えない人が、指先で触って読んだり書いたりする文字です。最近は、日常生活においても点字を見かけることが増えてきました。缶ビールに「おさけ」と表記されていることがよく知られているほか、エレベーターの操作ボタン、電車のドア、駅の券売機、階段の手すり、公共トイレの案内板、家電製品、ジャム、ドレッシング、ケチャップ、入浴剤など、点字を見かけない日はないほどです。では、児童生徒は、どのように点字を習得していくのでしょうか。

（1）点字の歴史

　現在、世界中で使われている点字の歴史は古く、18世紀にまでさかのぼります。世界最初の盲学校であるパリ訓盲院の生徒であったルイ・ブライユ（Louis Braille 1809–1852）が、16歳のときに考案しました。当時の盲学校では普通の文字を浮き出させた文字を使って学習していましたが、生徒にとって自由に読み書きするには不便なものでした。ルイ・ブライユはもっと自由

に速く読み書きがしたいと願い、軍人であったシャルル・バルビエ（Charles Barbier 1767–1841）が夜間でも軍事命令を伝達できるよう考案した軍事目的の暗号（12点点字）を改良し、現在の6点点字を作ったのです。

　ルイ・ブライユが考案した点字は、世界中に広まり日本にも伝えられ、1887（明治20）年頃、まだアルファベットしかなかった点字を、日本語に適用する研究が始められました。その研究に携わったのが当時東京盲唖学校（現在の筑波大学附属視覚特別支援学校、同聴覚特別支援学校）の教員だった小西信八（1854–1938）や石川倉次（1859–1944）らです。3年間の研究の結果、1890（明治23）年11月1日、点字選定委員会において、石川倉次が翻案したかな文字の点字が採用されました。この点字もルイ・ブライユの考案したものと同じタテ3行×ヨコ2列＝6点で構成されています。石川倉次は「日本点字の父」と呼ばれており、11月1日は点字の日（日本点字制定記念日）となっています。

（2）点字の特徴

　点字は次のような特徴があります。なお、普通の文字のことを点字に対して墨字と呼んでいます。

6点の組み合わせであること：6つの凸点の組み合わせ（全63通り）によって、仮名、数字、アルファベット、音符、数学記号、理科記号などの文字を表現することができます。

触察文字であること：指先で触れて読むことから、触れたところしか認識できません。

横書きのみであること：墨字は横書きや縦書きなどのレイアウトが可能ですが、点字は横書きのみで、左から右に向かって読みます。

変化がないこと：文字の大きさや字体が一定で、色や飾りもありません。標準の点字の1.2倍の大きさのLサイズ点字もありますが、児童生徒が使う点字教科書では使われていません。点字の標準の大きさは、図6–1および図6–3の通りです。

仮名文字体系であること：墨字は漢字仮名交じり体系ですが、点字は仮名文字体系です。ひらがなとカタカナの区別はありません。

図６-１　点字のサイズ　　　　図６-２　凸点の配置　　　図６-３　点字（実寸）

表音文字であること：例えば「私は」は、点字では「わたしわ」と表記し、
　「数学」は「すーがく」と表記します。文の意味をわかりやすくするため
　に、文節ごとに１マスあける「分かち書き」が重要になってきます。

（3）点字の仕組みと表記

　点字を知らないと点字文を見てもなんと書いてあるのかまったくわからな
いと思いますが、それほど
難しいものではありません。
点字は図６-２のように縦
３点が横に２列並んだ６つ
の凸点で構成され、その単
位を「マス」といいます。
ひらがなの場合、①②④の
点の組み合わせで母音を表
し、③⑤⑥の点の組み合わ
せで子音を表します。

　例えば、図６-４のよう
に「あ」は①の点、「い」
は①②の点ですが、「か行」
を表す⑥の点を加えると、
それぞれ「か」と「き」に
なります。このように母音

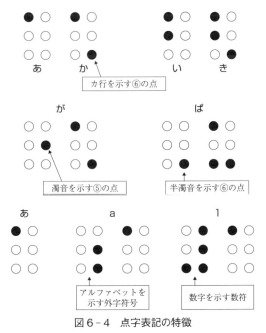

図６-４　点字表記の特徴

93

と子音で構成しているところは、ローマ字の仕組みと同様です。また、6点の組合わせは、全部で63通りしかないので前置符号によって階層的に整理されています。2マスで墨字1文字に対応するものもあります。例えば、「か」の前に濁音を示す⑤の点をおいて「が」、「は」の前に半濁音を示す⑥の点をおいて「ぱ」とします。促音、拗音、拗濁音、拗半濁音も同様の仕組みです。

　次にアルファベットと数字の点字の仕組みです。仮名の「あ」、アルファベットの「a」、数字の1はすべて①の点となります。その区別をするために、アルファベットの場合は外字符（⑤⑥の点）を、数字の場合は数符（③④⑤⑥の点）を、それぞれ前置して知らせるようにします。

② 点字指導の実際

　目が見えなくなると自然に点字を読んだり、書いたりできるようになるわけではありません。点字学習のレディネスとして、まずは点字習得の基盤となる資質・能力を身につけたうえで、実際の点字指導に移行していきます。

（1）点字習得に必要となる力

　点字習得に必要となる力については、触運動の統制、弁別能力、触空間の形成、点の位置づけ、音声言語の分解・構成、象徴機能、両手の分業と協応、配列順序、前後・上下・左右の方向づけ、基準や枠組みを手がかりとした位置決め、話し言葉の発達状況、点字に対する興味・関心などがありますが、ここでは主なものを取り上げます。

1）外界への興味と自発的な探索行動

　意識せずとも目に飛び込んでくる墨字と異なり、点字は触らなければ読むことができません。そこで、乳幼児期から外界に対して興味をもち、自発的に手を伸ばして触るという探索行動ができるようになることが重要です。

　特に視覚経験のない先天性の盲児は、予測がつきにくいために、ものに触ることを極端に怖がる場合が多いので、遊びの指導などを通じて教材の選定や提示の仕方を工夫し、楽しみながら触るように工夫します。その際、単に

触るだけでなく、なでる・こする・つまむ・にぎる・たどる・引っ張る・すべらせる等の手指運動の分化に加え、そっと触る、指先や手のひらで触る、両手や片手で触るなどの動作も重要です。このことが手指の巧緻性を高め、触察経験を豊かにし、点字を読んだり書いたりする基盤になっていきます。

　2）触運動の統制

　点字を読むには、指を点字用紙の左から右に外すことなくすべらせ、次の行に来たら正確に行頭に戻さなければなりません。そこで、直線、曲線、折れ線などの線たどりができる必要があります。これらの学習にあたっては、下に示す文部科学省著作小学部点字教科書を活用するほか、具体的な教具を用いたり、児童の発達段階に合わせた自作教材を補ったりして効率的な学習を展開する工夫が必要です。

- 国語　第1学年「こくご　点字導入編」
- 算数　第1学年「さんすう　触って学ぶ導入編」

　3）両手の分業と協応

　点字を使いこなすには、左手で点字を読み取りながら右手で点字盤に書き写したり、両手リレー読みで点字を読んだりなど、両手の分業と協応が必要です。点字タイプライターで点字を打ったり、打った点字を確認したりする際も両手両指を使います。そこで、手を使った遊びなどを通して、左右の手で別々の動作をしたり、両手を使ってひとつの作業をしたりするなどの活動が大切になります。

　4）ボディイメージ

　点の配列は縦3点、横2列になっており、上下左右の空間概念が獲得できている必要があります。自分を中心とした身体座標軸などボディイメージを身につけておくようにします。このボディイメージの獲得は視覚障害教育において最も重視されており、歩行指導においても有効です。

　5）触知覚と弁別能力

　わずか直径1.4mmの凸点の位置関係を弁別して点字を触読するためには、微細な触知覚が育っていなければなりません。実際に点字指導をしていると、例えば、①②の点（い）と①④の点（う）の弁別ができないなど、この段階でつまずく児童生徒もいます。そこで、乳幼児期から形・大小・長短・太

細・厚薄・深浅・軽重・粗滑・硬軟・冷温などの弁別学習をしていきます。

　これらの点字学習のレディネスは相互に関連しながら身についていきます。遊びの指導や自立活動等の中で、子どもの発達段階や障害の状態等に応じて、計画的・総合的に取り扱っていくことが大切です。また、幼稚部や重複障害のある子どもの保護者等から「うちの子にも早く点字を教えてください」と要望されることがあるので、点字指導前に身につけておくべき力が必要であることをわかりやすく説明できるようにしておきたいものです。

(2) 点字の読み書きの指導

　点字学習に必要な資質・能力がある程度培われていれば、点字の読み書きの指導に入ることができます。一般的には、小学部に入学してから点字指導が始まります。墨字の場合は読み書きの指導を同時に進めていきますが、点字の場合は読みの指導を先に行います。これは、点字を書けても読むことができなければ、自分の書いた点字の確認、正誤の判断ができないうえに、点字教科書等を使った学習が困難となるからです。また読みの指導のほうが、書きの指導よりも多くの時間を要することも理由として挙げられます。読みの指導方法は固定化されているわけではありませんが、文部科学省の『点字学習指導の手引き（平成15年改訂版）』（令和5年度内発刊に向けて改訂作業中）に、指導方法等が掲載されていますので、参照してください[1]。

1）特別支援学校小学部・中学部学習指導要領における規定

　「児童の視覚障害の状態等に応じて、点字又は普通の文字の読み書きを系統的に指導し、習熟させること。なお、点字を常用して学習する児童に対しても，漢字・漢語の理解を促す」ため、児童の発達の段階等に応じて適切な指導が行われるようにすること。」（文献1の第2章第1節第1款の1の (2)）

　この規定は、点字だけでなく弱視児童生徒への墨字の指導も含めています。解説には「点字を常用する児童生徒には、点字表記法の系統的な指導が必要である。また、点字の読み書きを速くする指導も大切である」と示されていることに留意が必要です。

2）読みの指導

　点字を効率的に読むには、指を寝かせて、なでるように軽い触圧で横に滑

らせる（スライド）ことが大切です。この動きが自然にできるように繰り返し練習します。一般的には1文字読みから単語・句・短文・長文へと読む対象を広げていきますが、苦手意識をもたないよう、最初は点字カードを作成したり、児童生徒の興味や馴染みのある言葉を題材としたりして、点字を楽しみながら学べる工夫をします。

　読みの学習の初期に児童生徒によくみられる課題として、指を上下にジグザクに動かしたり、力が入ってしまい強く押しつけたりすることが挙げられます。この課題に対応するために取り入れられている指導方法が「他動スライディング法」です。これは、指導者（他者）が児童生徒の指を持って点字の上をスライドさせ、適切な読みの方法を身につけさせようとするものです。触圧と触運動がある程度適切になってきたら、他動スライディングと自動スライディングを併用し、最終的には自動スライディングができるようにしていきます。

　よく、点字はどちらの手で読むのですかという質問がありますが、両手とも読めるようにし、読速度の左右差が大きくならないようにします。その後、左手で読みはじめて行の途中で右手にバトンタッチし、左手は次の行頭を触りにいくという「両手読み」の練習にすすみ、読速度が向上してきます。必要な読速度は『点字学習指導の手引』によれば、当初は150マス程度／分、教科学習を普通に行うには300マス程度／分、効率的に行うには450マス程度／分とされています[1]。

3) 書きの指導

　点字が読めるようになってきたら、書きの指導に入ります。書きの指導で最も大切なのは、点字を書いたら必ず読み返すということです。この習慣化により点字の打ち間違いが減り、点字に対する真摯な姿勢が養われてきます。

　点字を書く道具としては、点字タイプライターと点字盤に分けられます。導入段階ではパーキンスブレイラー（図6-5）がよく使われています。その理由としては、下から上に点字が打ち出され、手前に凸点が表示されるので、書いた文字を即座に確認できるメリットがあるからです。点字用紙は専用のものがあり、特厚手（130kg）・厚手（110kg）・薄手（90kg）があり、大きさは標準サイズ（16行書き）と寸長サイズ（17行書き）とがあります。

図6-5　パーキンスブレイラー

定規

点筆

図6-6　点字盤

　点字タイプライターの動きや操作方法を覚え、書きに慣れてきたら、点字盤（図6-6）で点字を書く練習に移行します。点字を読むときは左から右でしたが、点字盤では右から左に書いていきます。読み点字と逆になるので、書き点字の位置を覚えなければなりません。混乱する児童生徒もいることから、繰り返していねいに指導していきます。点筆の握り方や打ち方、定規の挟み方、点字用紙のセットの仕方などを覚えます。この段階で、打ち間違いはもちろん、紙の破れや駄点（必要のない点）がなく、確実に読み取れるしっかりした点字を打てるようにします。その際、点筆を正しく持ち正しい姿勢で打つこと、点筆を点字用紙に対して垂直に下ろすことがポイントとなります。これは、点字盤を使った書きの初期段階で繰り返し指導します。

　点字を正確に打てるようになってきたら、点字表記特有の仮名遣いやマス空け、分かち書きなどについて指導していきます。さらに、左手で読みながら右手で書き写す「転写」や、教師が話したことを正しく書き取る「聴写」の指導を行うことで、効率よく教科の学習ができるようにしていきます。

4）重複障害のある児童生徒への点字指導

　近年、盲学校は重複障害のある児童生徒の割合が増えてきました。例えば知的障害を併せもつ児童生徒であっても、椅子に座って机に向かうことができ、言葉でやりとりができる程度であれば、点字の習得がある程度可能です。点字の指導方法が大きく変わるということはありませんが、遊びの要素を取

り入れたり、点字と音を連動させたりするなどの工夫が必要です。

5）中途視覚障害者への点字指導

　高等部専攻科の理療科などには、成人以降に病気や事故で全盲になった生徒が在籍しています。デイジー版教科書や音声読み上げソフトの活用で、点字を習得しなくても学習できますが、本人の意向を尊重しながら必要に応じて点字の指導も行います。その際、一律の指導方法ではなく、生徒の基礎疾患の状況、年齢、受傷時期などを考慮した指導計画を立てます。教材については、通常の点字に比べ、マス間や行間を広くとるなどの配慮が必要です。Lサイズ点字を使うことも有効です。中途視覚障害の生徒は点字の習得に時間を要しますが、点字の読み書きができるようになると、自信がもてるようになり、その後の学習意欲の向上にもつながります。

③　歩行指導の基本

　「歩行」を、ある場所から別の場所まで歩いて移動する行動ととらえたとき、晴眼者にとっての歩行は困難や緊張を伴うものではありません。景色を楽しみながらの散歩や散策など、「快」を伴う場合もあるでしょう。また、交差点で道路を横断するタイミングで悩んだり、駅ホームからの転落を心配したりすることもありません。それは、段差の有無、信号の色、交差点の形状といった周囲の環境が見えるからに他なりません。人間は外界から情報の約8割を視覚から得るといわれており、視覚障害者が「歩行」に多くの困難や不安を伴うであろうことは容易に理解できます。日常生活はもちろん、将来の自立と社会参加に大きな支障が出てくることもあるでしょう。

　また、視覚障害者にとっての歩行を英語で表現すると Walking ではなく、Orientation and Mobility となります。Orientation は「定位」と訳され、自分の位置や自分と目的地との位置関係を環境等の把握から認識することであり、Mobility は「移動」と訳され、身体の動きによる移動のことです。視覚障害者にとっての歩行が単なる移動ではなく、定位（環境の把握）がとても重要であることがわかります。この定位と移動のどちらの能力が欠けても、生涯にわたっての安全・安心な歩行が実現できません。そこで、学校教育で

実施する歩行指導が大切な役割を果たすことになります。歩行指導は単に移動のための技能の獲得といったことだけでなく、生涯にわたって QOL を高めていくための基盤を培う指導であるといえます。

（1）歩行指導の種類

　一般的に、歩行指導は白杖の使い方の指導というイメージがありますが、実際はそれだけではありません。また単なる移動ための指導でもありません。その内容は幅広く、教育活動全体を通じて実施していくべきものです。また、歩行指導は「狭く身近な場所から、広く未知の場所へ」と段階的に広げていくことが基本的な考え方となります。児童生徒の障害の状態や発達段階等を適切に把握するとともに、将来を見据え、その時点で必要な指導内容を選択し、個別の指導計画に位置づけて系統的・段階的に行っていくことが大切です。盲学校における主な歩行指導の内容としては次が挙げられます[2]。

- 歩行に必要な基礎的な資質・能力
- 屋内（教室内から校内まで）の移動に関する内容
- ガイド歩行（手引き歩行）に関する内容
- 歩行地図の指導
- 白杖を使用した歩行

（2）教育課程上の位置づけ

　基本的には自立活動の時間において取り扱われます。例えば、金曜日 6 校時を「歩行」として、年間を通じて固定的に設定している学校もあれば、特定の期間に集中的に指導を行っている学校もあります。その際、保健体育科や特別活動などの他の教科等の指導と密接な関連を保つようにするなど、計画的・組織的に指導が行われるようにすることが大切です。

（3）歩行指導の指導者

　歩行指導に限らず、自立活動の指導については特別支援学校学習指導要領に「専門的な知識や技能を有する教師を中心として、全教師の協力の下に効果的に行われるようにするものとする。」（文献 3 の第 7 章「自立活動」）と示

されています。歩行指導における専門的な知識や技能を有する教師とは、いわゆる歩行訓練士である教師が考えられます。歩行訓練士は国家資格ではありませんが、社会福祉法人日本ライトハウス等の養成プログラムを受講した者を通称「歩行訓練士」と呼んでいます。なお、歩行訓練士が在籍していない盲学校もあります。

④ 歩行指導の実際

前述した歩行指導の種類ごとに概要と指導上のポイントについて述べます。視覚障害の程度、つまり盲か弱視かによって歩行指導の内容や配慮事項が多少異なりますが、ここでは先天盲をイメージして述べます。

（1）歩行に必要な基礎的な資質・能力

子どもたちは、いきなり白杖を使って一人で自由に歩けるようになるわけではありません。そのためのレディネスの獲得がとても重要になります。歩行指導とは呼ばないまでも、歩行に必要となる資質・能力を早期から系統的・段階的に培っていかなければなりません。歩行に必要な基礎的な資質・能力は大きく次の5つに分類できます。

1）知識

ここでいう知識は、単に、十字路とか歩道といった歩行環境にある事物の名称や交通規則やマナーに関する知識だけではなく、空間概念やボディイメージ、数量、言語と事物事象、位置関係なども含み、それらが実体験と結びついていることが重要です。自立活動の時間はもとより、教育活動全体を通じて育んでいきます。

例：前後上下左右、東西南北、クロックポジション、長さの単位など。

2）感覚や知覚

視覚以外の感覚として、聴覚、触覚（皮膚感覚）、運動感覚、嗅覚、視覚（弱視の場合）等があります。単に、音や匂い存在や種類がわかるということではなく、それらの感覚の意味を理解し、安全な歩行のために環境認知に活用できるようにすることが大切です。白杖から得られる主な情報は、触覚や

運動感覚によるものが多いのです。これらを早期から意図的に育んでいくことが大切です。

　例：聴覚の活用では、車の走行音を聞いて走行方向や速度を推測できる。

　　　運動感覚の活用では、坂道で道路の勾配を推測できる。

3）姿勢・運動動作

　見た目に自然な歩行運動と姿勢に大別されます。これらは、視覚障害のある児童生徒にとってその習得は容易ではありませんが、見た目に自然な動きや容姿となるようにすることが大切です。特に運動は、運動感覚、平衡感覚と関連が深く、真っすぐ歩くための基盤となります。

4）社会性

　先述の知識と関連しますが、マナー・身振り、身なりに代表される容姿・身体の動き（身のこなし）や常識といわれる社会的な諸知識が対象となります。歩行指導では特に、「援助依頼」という困ったときに他者に援助を依頼できる能力が重要となります。

5）心理的課題

　主に「知りたい」「自分でやってみたい」「自分で歩いて行ってみたい」などの、外界への興味や関心・意欲・自立心などが含まれます。将来のひとり歩きへとつながっていきます。

（2）教室内や校舎内の移動

　白杖を使わず、自分の教室内や校舎内を一人で移動できるようにします。

　例えば、教室内であれば、教室の入り口から自分の座席まで、自分の座席から後方にあるロッカーまで、自分の座席からロッカーを経由して、手洗い場までなどの動線を一人で安全に移動できるようにします。校舎内では、昇降口から自分の教室まで、自分の教室からトイレ・保健室・食堂・職員室までなど、学校生活で利用する機会の多い場所との往復ができるようにします。その際、子どもにとって未知の場所や物を、教師が触覚や聴覚など様々な手がかりを使って説明し、既知の状態にする（ファミリアリゼーション）という環境把握の指導をしたり、基本的な移動方法である手による伝い歩き、さらに上部防御や下部防御などを取り入れたりします。安全に一人で歩けるとい

う自信と経験を広げていくようにします。

（3）ガイド歩行

　ガイド歩行とは、他者の誘導によって歩くことです。「手引き歩行」と呼んでいる学校もあります。白杖を使って一人で歩くよりも安全・安心で、効率よく歩くことができ、さらにガイド者から様々な情報を得ることもできるというメリットもあります。また、手つなぎや腕組み歩きよりもスムーズな移動が可能になります。

　児童生徒にとっての自立を下支えする技術であり、白杖を使いこなせるようになったとしても、生涯にわたってあらゆる場面で使っていく重要な技術です。

1）ガイド歩行の基本

　ここでは児童生徒に身につけさせたいガイドの基本姿勢を紹介します。児童生徒がガイド者の肘のすぐ上を、親指と他の4本で軽くはさんでつかむようにします。立ち位置はガイド者が半歩前に位置し、両者ともまっすぐ正面を向きます（図6-7）。歩く際に「これから歩きます」「右に曲がります」「前に障害物があるので左に避けます」「下りの段差があります」などと声をかけるようにすると、見通しが持て安心感が増します。

　改札口など狭い場所を通過するときは、ガイド者が声をかけたうえで、ガイドしている腕を体の後ろのほうに回します。児童生徒は曲げていた腕を伸ばして、ガイド者の真後ろに入り込むようにします（図6-8）。

　階段の昇降は、階段に直角に近づき、ガイド者が階段のへりに来たところで一度止まります。上り（下り）階段であることを伝え、相手の足どりを確認しつつ1段先を上って（下って）いきます。階段の最終段（踊り場含む）まで来たら、ガイド者は、児童生徒が立つ位置を考慮しての半歩前方で止まって待ちます（図6-9）。児童生徒が慣れていない場合は、手すりを使うと安心感が増します。そのほか、方向転換、左右の入れ替わり、溝またぎ、バス・電車の乗降、座席への案内、ガイド時の白杖の取扱いなどの技術も身につけておくようにします。

　児童生徒の障害の状態や手の大きさ、ガイド者との身長差等によって、ガ

正面　　　　　　横

図6-7　ガイド歩行の基本姿勢

出典：文献4）を元に作成。

上から見たところ

図6-8　狭所の通過

出典：文献4）より。

階段上り始め

階段の最終段

図6-9　階段でのガイド歩行

出典：文献4）を元に作成。

イドの方法は若干異なってきます。一般的には小学部低学年くらいまでは、教師と手をつないで歩いたり、教師の手首をつかんだりする方法で行い、移動することへの安心感を得られるようにするとよいでしょう。

　2）ガイド歩行の際の留意点

　　●いきなり手をつかんだり、引っ張ったりすることはしないようにします。

　　●ガイド歩行中に、児童生徒から離れなければならない状況が生じた際は、言葉をかけ、体を壁などに触れさせたり、現在位置を伝えたりなどの配

慮をします。

- 曖昧な言葉や指示語は使わず、具体的に説明するようにします。
- 保護者はもちろん、介護等体験研修や広く一般の方々に対してもガイドの技術や視覚障害者への接し方について伝える機会をもつようにします。

3）ガイド歩行研修

児童生徒に指導する前に教員同士がペアとなり、専門的な知識を有する者の指導のもと、ガイドする体験とガイドされる体験（アイマスク着用）をし、どのような接し方や方法が、安心で安全なのかを実体験できるようにしておくことが大切です。

(4) 歩行地図の指導

歩行地図とは、自分のいる位置や目的地の位置を周囲の環境等と関連づけて把握するための情報をまとめたものです。歩行地図の指導を通じて、地理的空間概念を養っていきます。例えば、屋外で自分はどこにいて、どの方向を向いているのか、目的地までどのルートで行くのかということを、周囲の建物や店舗、通過した交差点の数、音響信号の鳴る方向などから予測する際に歩行地図を用います。頭の中で描くメンタルマップ（心的地図）と、点図や棒磁石等で作る平面地図、立体模型などの触地図とに大別できます。

教室内にある机や教卓などの位置関係や校舎内の各教室の位置関係を模型やブロックを使って自分で構成したり、自分の歩いた軌跡を棒磁石を用いて組み立てたりして、歩行地図の活用能力を高めていきます。その後、範囲を屋外に広げ学校から駅やバス停、最寄りの店舗等までの歩行地図の学習も行います。

大切なことは、実際に歩いてみて、自分が組み立てたり，頭に思い描いたりした地図と実際の情報との整合性を確認することです。この「予測と確かめ」がとても重要になってきます。

(5) 白杖を用いた歩行

白杖は、視覚障害者が外歩きをする際に命を守るだけでなく、共生社会の一員として活躍していく際のシンボルにもなります。児童生徒にとっては、

小さい頃から学習を積み重ね、最終的に白杖を使いこなして一人で登下校ができるようになったときに得られる自信と、次への意欲は計り知れないものがあります。ここでは、白杖についての基本的事項を確認したうえで、盲学校における白杖を用いた歩行指導について概観します。

1）白杖に関する基本的知識

①白杖の役割

　白杖の役割、言い換えれば視覚障害者が白杖を持つ目的は、次の3つに大別することができます。

安全性の確保：自動車にたとえればバンパーの役割となります。白杖は身体の1～2歩先を左右に振って使いますので、事前に障害物や段差など安全な歩行の支障となるものの存在を把握することができます。

情報の入手：白杖を通じて手に伝わってくる感覚で、点字ブロックなど歩行にとって目印になるもの（ランドマーク）や路面の変化等の存在を知り、周囲の状況を把握することができます。

視覚障害者としてのシンボル：通行人やドライバーなど周囲の人に対して「目の不自由な人がいます」といった注意喚起ができます。駅ホームや交差点など危険が想定される場所などで、白杖が目印となって声をかけてもらえることが可能になります。

②白杖の構造と種類

　白杖は3つのパーツからできています（図6-10）。

グリップ：手で握る部分です。握りやすさ、滑りにくさが大切です。ゴルフクラブのグリップをイメージするとよいでしょう。

シャフト：白杖の本体の部分です。材質はグラスファイバー、アルミ、カーボンなど様々です。材質の違いが耐久性、重さ、価格に影響します。シャフトに反射テープを貼ることで夜間の歩行時に、ドライバーからの視認性が高まります。シャフトそのものが反射するものもあります。

チップ（石突き）：路面に接する部分です。最も摩滅するパーツなので、必要に応じて交換します。スタンダードのチップに加え、先端部が回転したり、クッションがついていたりして、路面に引っ掛かりにくく滑りやすい形状のものもあります。どのチップを使用するかは、それぞれの特徴を伝

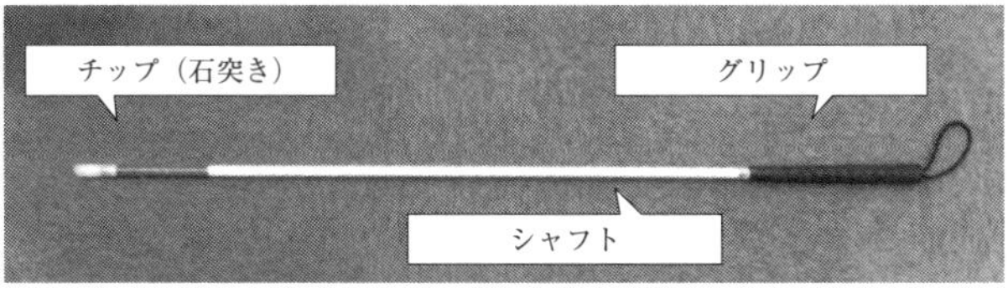

白杖のパーツ

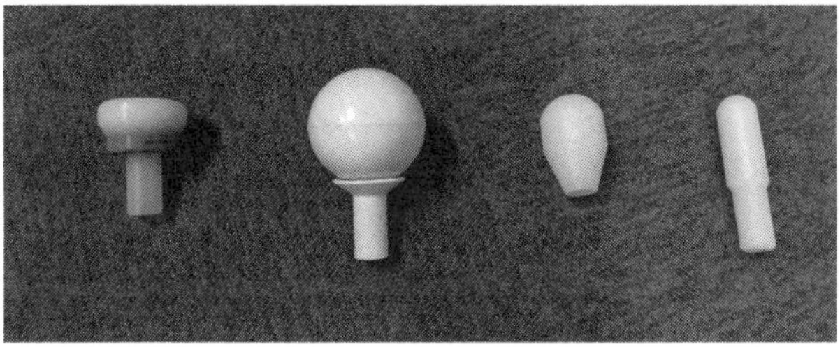

チップ（石突き）の種類

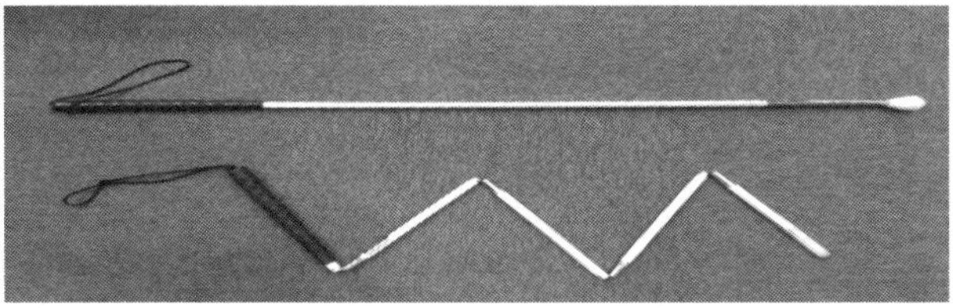

直杖（上）と折りたたみ杖（下）

図６－10　白杖の構造と種類

えたうえで、本人の意向を踏まえて決めるようにします。

白杖の種類：直杖（ちょくじょう）といって継ぎ目のない１本杖と、使わないときに小さく折りたたむことのできる折りたたみ杖、そしてスライド式の３種類があります。直杖のほうが丈夫で伝達性にも優れているので、単独で歩行する際に使われます。

2）指導の実際

いきなり白杖を使って単独登下校の練習をするわけではありません。まずは、白杖の基本的操作技術の獲得を目指していきます。基本的操作技術が確実に身につくまで繰り返し行うことが大切です。例えば、白杖を左右に振りながら歩いたとき、真っすぐ歩けるように（直進歩行）しておかないと、距離の長い交差点の横断や駅ホームを安全に歩くことが難しくなります。本人が意図しない方向にそれてしまう（ベアリング）場合には、どうしたら真っ

すぐ歩くことができるのかを見極めながら、ていねいに指導していくことが大切です。また、狭い場所から広い場所へ、敷地内から屋外へ、人の少ない場所から混雑している場所へ、既知の場所から未知の場所へといったように、歩行技術の獲得状況やその時点で必要な指導内容に応じて、学習の場を選択します。

　主な指導内容はおおむね次のとおりですが、必ずしもすべてを取り扱わなければならないとか、上から順番に実施しなければならないということではありません。本人のニーズや地域の環境等を踏まえて指導内容の選定、時間配分、指導場所等を検討していきます（表6-1）。

表6-1　歩行の主な指導内容

基本的な白杖の操作技術	・自分に適した白杖の選定 ・白杖の持ち方や握り方 ・白杖による防御の仕方 ・静止しての白杖の振り ・リズム歩行（タッチテクニック・スライド法） ・直進歩行 ・ベアリングからの回復 ・白杖による伝い歩き（3点法・タッチ＆ドラッグ） ・階段や溝などでの白杖の使い方 ・障害物発見時の回避　など
ひとり歩きに向けて	・点字ブロックを活用した歩行 ・歩道と車道の区別のない道路での歩行 ・交差点の横断 ・車音を活用した歩行 ・繁華街や駅構内など混雑する場所での歩行 ・乗用車・バスの乗降 ・電車の乗降 ・駅の利用（駅ホームでの歩行含む） ・踏切の横断 ・エレベーターやエスカレータの利用 ・ランドマークの発見と活用 ・メンタルマップの構築 ・援助依頼　など
必要に応じて	・雨天や積雪などの歩行 ・ICT機器等を活用した歩行 ・白杖のメンテナンス　など

出典：筆者作成。

＊　　＊

　点字指導と歩行指導の概要について述べてきましたが、いずれの指導も児童生徒の視覚障害の状態や発達段階等を適切に把握するとともに将来を見据え、その時点で必要な指導内容を選択し、個別の指導計画に位置づけて系統的・段階的に指導していくことが大切です。

引用・参考文献 ────────────────────
1）文部科学省（2003）『点字学習指導の手引　平成 15 年改訂版』大阪書籍。
2）文部省（1985）『歩行指導の手引き』慶應通信。
3）文部科学省（2017）「特別支援学校小学部・中学部学習指導要領（平成 29 年 4 月告示）」。
4）青木隆一監修、全国盲学校長会編著（2016）『見えない・見えにくい子供のための歩行指導 Q & A』ジアース教育新社。
・青木隆一・神尾裕治監修、全国盲学校長会編著（2018）『新訂版　視覚障害教育入門 Q & A』ジアース教育新社。
・道村静江（2014）『ここからはじめる点字・点訳のきほん』ナツメ社。

（青木隆一）

点字の読み方一覧

五十音（清音）

ア イ ウ エ オ
カ キ ク ケ コ
サ シ ス セ ソ
タ チ ツ テ ト
ナ ニ ヌ ネ ノ
ハ ヒ フ ヘ ホ
マ ミ ム メ モ
ヤ ユ ヨ
ラ リ ル レ ロ
ワ ヰ ヱ ヲ
ン

拗音・拗濁音・拗半濁音

キャ キュ キョ
シャ シュ ショ
チャ チュ チョ
ニャ ニュ ニョ
ヒャ ヒュ ヒョ
ミャ ミュ ミョ
リャ リュ リョ
ギャ ギュ ギョ
ジャ ジュ ジョ
ビャ ビュ ビョ
ピャ ピュ ピョ

特殊音

イェ
キェ
シェ ジェ
チェ
ヒェ

ウィ ウェ ウォ スィ ズィ
クァ クィ クェ クォ ティ ディ
グァ グィ グェ グォ トゥ ドゥ
ツァ ツィ ツェ ツォ テュ デュ
ファ フィ フェ フォ フュ ヴュ
ヴァ ヴィ ヴェ ヴォ フョ ヴョ
ウ゜

撥音・促音・長音

撥音符（ン）　促音符（ツ）　長音符（ー）

句読符

句点（。）　疑問符（？）　感嘆符（！）　読点（、）　中点

濁音・半濁音

ガ ギ グ ゲ ゴ
ザ ジ ズ ゼ ゾ
ダ ヂ ヅ デ ド
バ ビ ブ ベ ボ
パ ピ プ ペ ポ

囲みの記号等

〜　カギ　〜　ふたえカギ　〜　カツコ　〜　二重カツコ

数字等

1 2 3 4 5 6 7 8 9 0
数符　小数点　位取り点　アポストロフィ　第1つなぎ符
＋　−　×　÷　＝　比（：）　大なり（＞）　小なり（＜）

アルファベット等

a b c d e f g h i j
k l m n o p q r s t
u v w x y z
〜
外字符　外国語引用符　大文字符　二重大文字符　アポストロフィ　シングルコーテーションマーク（'〜'）　斜線　終止符

英文記号

ピリオド（.）　コンマ（,）　コロン（:）　セミコロン（;）
疑問符（?）　感嘆符（!）　ハイフン（＿）　ダッシュ（−）
点線（・・・）　星印　コーテーションマーク（"〜"）

第7章

視覚障害教育における情報機器の活用

　本章では、視覚障害教育における情報機器活用の意義や、指導で活用する際のポイントと配慮事項、情報機器の具体例や活用方法について説明します。なお、ここでは「情報機器」として、コンピュータなどの情報にアクセスするためのハードウェアだけでなく、自動点訳をしたり PDF データを閲覧したりすることのできるアプリケーションソフトウェア（以下、ソフトあるいはアプリ）まで含めて紹介していきます。

1　情報機器を活用する意義

　外界からの情報入手に制約のある視覚障害は、情報の障害であると言われることがあります。視覚の活用が制限されるなかで、文字を読み書きしたり、取捨選択をしながら必要な情報にアクセスしたりすることは容易なことではありません。一方で、情報通信技術（ICT: Information and Communication Technology）の進歩は著しく、視覚障害教育においても情報機器の活用が広く浸透しつつあります。例えば、点字と墨字を相互に変換したり、テキスト情報を音声化したりすることによって様々な情報を主体的に収集できるようになってきました。また、インターネットに接続されたコンピュータを活用することによって、膨大な量の情報から必要な情報だけを取捨選択して能動的にアクセスすることも可能になりました。こうした情報機器を効果的に活用できるようになると、学習を効率よく進められるだけでなく、生活に必要な情報を入手することで生活の質（QOL: Quality of Life）を向上させたり、余暇活動を充実させたりすることもできます。

また、情報社会に主体的に対応できる資質・能力を児童生徒に十分に身につけさせることは学校教育の今日的な課題でもあり、学校における情報教育の充実が求められています。この点について、2017（平成29）年4月に告示された「特別支援学校小学部・中学部学習指導要領」[1] では、教科等の枠を超えたすべての学習の基盤となる資質・能力のひとつとして、情報モラルを含めた情報活用能力を挙げており、この能力の育成を図るために、コンピュータや情報通信ネットワークの環境を整え、情報機器等のICTを適切に活用するように示されています。ここで使われている「情報活用能力」は、学習活動のなかで必要に応じてコンピュータなどを適切に使い情報を得ることや、得た情報を整理・比較し、分かりやすく発信・伝達すること、必要に応じて保存・共有することができる力を指しています[2]。さらに、コンピュータなどの基本的な操作の取得や、プログラミング的思考、情報モラル、情報セキュリティ、統計等に関する資質・能力等も含まれています。

　2021（令和3）年に出された「新しい時代の特別支援教育の在り方に関する有識者会議　報告」[3] では、特別支援教育におけるICT利活用の意義について、各教科等の学習の効果を高めたり、障害による学習上または生活上の困難を改善・克服するための指導に効果を発揮したりするとともに、合理的配慮を提供するにあたっても必要不可欠なものになりつつある、と書かれています。また、自然災害等の非常時にもICTを適切に活用することで社会生活を維持できるという点で大きな社会的な意義をもっている、とも述べられています。

　このように、情報機器は学習という側面だけでなく、生活していくうえで必要なあらゆる情報に主体的にアクセスするための重要なツールであると認識されています。学校教育においても、早くからICTを活用するための環境を整え、適切に活用していくことが大切です。また、コンピュータを活用した事務処理等の技能を学べる視覚障害者を対象とした職業訓練施設や社会福祉法人があります。このことからもわかるように、ICTを効果的に活用できるということは、いくつかの職業に従事するうえで有効なスキルになりますし、視覚障害のある生徒の進路の選択肢を増やしてくれるものでもあります。

2019（令和元）年に中央教育審議会初等中等教育分科会が示した「新しい時代の初等中等教育の在り方　論点取りまとめ」[4]では、これからの学びを支える ICT や先端技術の効果的な活用について特に優先して審議がなされました。こうした動きを受けて、2019 年度補正予算では、児童生徒向けの 1人 1 台端末と、高速大容量の通信ネットワークを一体的に整備するための経費が盛り込まれ、「GIGA スクール構想」を進めていくことになりました。また、ICT の活用については、2021（令和 3）年 1 月に出された「『令和の日本型学校教育』の構築を目指して〜全ての子供たちの可能性を引き出す、個別最適な学びと、協働的な学びの実現〜（答申）」[5]においても触れられています。「令和の日本型学校教育」の構築に向けた ICT の活用に関する基本的な考え方について、まず、学校教育の基盤的なツールとして ICT は必要不可欠なものであるという考え方が示されました。例えば、児童生徒自身が ICT を「文房具」として自由な発想で活用できるよう環境を整え、授業をデザインすることが重要であるとされています。また、これまでの実践と ICT とを最適に組み合わせることで、様々な課題を解決し、教育の質の向上につなげていくという考え方も示されました。

　なお、視覚障害教育においては、これまでに述べてきたような教育改革以前から、情報機器が積極的に取り入れられてきました[6]。例えば、1970 年前半には、小型カメラで読み取った文字のパターンを細かく敷き詰められたピンの振動で再現するオプタコン（Optacon: Optical to TActile CONverter）がアメリカから日本に導入され、特別支援学校（視覚障害）でも活用されました。その後、コンピュータが普及し始め、OS ソフトである MS–DOS（Microsoft Disk Operating System）が登場した頃から、視覚障害者のためのソフト開発も活発に行われるようになり、視覚障害教育にも取り入れられました。

　ICT 技術は日々急速に進展し、新しい技術の開発やバージョンアップがめまぐるしくなされています。学校教育で取り入れるべき情報機器や、提供が可能となる合理的配慮についても、技術の進展やその普及状況によって変化していきます。そのため、教育関係者は、時流や技術の進歩に合った ICT 技術や情報機器について定期的に知識をアップデートさせ、障害のある児童生徒の指導に効果的に取り入れていこうとする姿勢をもつことが大切です。

② 情報機器を用いた指導のポイントと配慮事項

次に、各教科等の指導に情報機器を活用する際のポイントや配慮事項についてみていきます。まず、2017（平成29）年4月告示の「特別支援学校小学部・中学部学習指導要領」[1] では、児童生徒や学校の実態に応じて、学習活動や個に応じた指導の充実を取り入れる際に、コンピュータや情報通信ネットワークなどの情報通信手段の活用を図ることが規定されました。

また、指導計画の作成と各学年にわたる内容の取扱いにあたっては、児童生徒の障害の状態や特性及び心身の発達の段階等を十分考慮するとともに、特別支援学校（視覚障害）では特に次の事項に配慮することが示されています。

「視覚補助具やコンピュータ等の情報機器，触覚教材，拡大教材及び音声教材等各種教材の効果的な活用を通して，児童が容易に情報を収集・整理し，主体的な学習ができるようにするなど，児童の視覚障害の状態等を考慮した指導方法を工夫すること。」（第2章第1節第1款の1の (4)）[1]

学習指導要領に示された上記の規定について、学習指導要領解説[7] では、コンピュータ等の情報機器等を学習に活用する際に、情報入手の困難を補いながら学習に必要な情報を得るだけではなくて、得られた情報を適切に分類したり、記録したりするなどして、児童生徒が問題解決的な学習等に主体的に取り組めるようにすることも大切であると書かれています。こうしたことからも、ICTや情報機器の活用は、視覚障害による困難さを補うだけではなく、「主体的・対話的で深い学び」を実現するうえでも重要な役割を担っていると考えられます。例えば、視覚障害教育では、特別支援学校（視覚障害）の在籍者数の減少が課題のひとつとなっています。弱視特別支援学級についても、設置されている学級数自体は増加傾向にある一方で、在籍する児童生徒は1人だけという学級が多く存在する状況があります[8]。そのため、児童生徒同士で対話をしながら学び合う機会を確保することが難しくなっています。そこで、Web会議システム等を活用し、他の学校とリアルタイムでオ

ンライン授業を行うことで、児童生徒同士がコミュニケーションや主体的・対話的で深い学びを実現できる可能性があります。

　最近では、視覚障害のある児童生徒が、日常生活のなかでコンピュータやスマートフォン、タブレットを利用することが増えてきました。これらの情報端末を通してインターネットに接続することで、様々な情報に主体的にアクセスしたり、ソーシャルメディアを通じて相互にメッセージをやりとりしたりすることができます。こうした技術やサービスは視覚障害者の情報格差を埋める大切なツールになり、児童生徒のネットワークを大きく広げるものではありますが、インターネット上でのルールやマナー、個人情報の取扱いやプライバシーの問題、著作権などへの配慮も重要になってきます。そのため、インターネットを適切に活用するために情報モラル教育の充実もあわせて進めていくことが重要です。

　また、大学への進学やコンピュータを活用した仕事に就くことを想定している場合には、「情報」の教科指導にも関連づけながら、高等部卒業までに情報機器を適切に活用するための基礎指導を行う必要もあります。特に、高等部では就学奨励費を活用して個人用の機器を購入することも可能になります。基本的な操作方法を習得したり、自分に合った各種支援ソフトを検討したりするためにも、家庭を含めたあらゆる場面で、生徒が主体的に情報機器を活用できるように検討していくことが大切です。

　そして、視覚障害のある児童生徒の実態を踏まえたうえで、情報機器の活用を検討することが非常に大切です。最新技術が搭載された情報端末を活用することで、これまでは難しかったことやできなかったことができるようになる可能性はありますが、従来活用されてきた教材教具などがすべて情報機器に取って代わるわけではありません。また、ある情報機器がすべての児童生徒にとって最適な選択肢になるとも限りません。児童生徒一人ひとりの実態や発達段階に向き合い、試行錯誤を繰り返しながら少しずつ児童生徒に適用できるように調整し、情報機器を活用することの意義や効果を検証していくことが大切であるといえるでしょう。

③ 情報機器の具体例と活用方法

（1）点字の読み書きを支援する情報機器

1）点字ディスプレイ

　点字ディスプレイは、平坦なセルごとに配置されたドット（ピン）が上下に動くことで点字を表示し、点字を読んだり入力したりすることのできる情報機器です（図7-1）。点字ピンディスプレイやピンディスプレイ、点字情報端末、点字端末といわれることもあります。点字の文章を入力し、メモとして記憶させておいたり、ダウンロードした点字図書や録音図書を読んだり聞いたりすることが可能です。また、コンピュータに接続することで、Webサイトなどで表示された文字情報を点字で表示し、インターネットやメールソフトを利用することもできます。

　最近では、スマートフォンに接続して入出力できるものも発売されています。表示できる点字の字数はセルの数によって決まり、16マス程度の携帯性に優れたタイプから、30マスを超えて長い点字文章を表示できるタイプまであります。点字文章の作成や編集に活用することはもちろん、電卓や辞書の機能を搭載したものや、音声図書やラジオを再生できるものなどがあり、点字を利用する児童生徒にとっては、学習だけでなく日常生活や学校卒業後の就労の面からも活用できる場面の多い情報機器です。

2）点字エディタ

　点字エディタは、コンピュータ上で点字データの読み書きや編集を行うことのできるソフトです。入力方法には、キーボードの6つのキーを点字6点に見立てて入力する「6点入力」という方法や、通常のワープロソフトのようにローマ字やかな文字で入力する方法もあるため、比較的簡易に点字の文章を作成することができます。点字エディタで作成した点字データにはBESやBSEなどのデータ形式があり、コンピュータに保存しておくことができます。音声出力や点字出力に対応しているものもあるので、視覚障害のある児童生徒自身が利用することもできます。

　こうした特徴を備えていることから、特別支援学校（視覚障害）だけでは

図7-1　点字ディスプレイ

写真提供：ケージーエス株式会社。

なく、点字図書館などで点訳を行うボランティアの方々にも活用されています。紙に直接点字を打つと修正が困難であったり、複製を作るのが難しかったりしますが、点字エディタを使うことで点字文書の修正や、途中に文章を挿入するなどの編集を簡単に行うことができたり、複製が作りやすかったり、インターネット経由でやりとりすることで遠隔地にも点訳したデータを速く提供できたりするなどのメリットがあります。なお、点訳に使用する場合は、まず墨字のテキストデータを自動点訳ソフト（後述）にかけ、出力された点字文書を編集する際に活用されることが多いです。これは、自動点訳ソフトだけで間違いのない正確な点訳を得ることは難しいため、点字エディタを使って確認や修正を行っていくということです。

　また、点字エディタを使って直接点字文書を作成する場合には、分かち書きなどの点字表記に従って自ら作文しなければならないため、点字の初学者であれば、点字の知識のある人によって作成された文書を確認することが必要になります。もちろん、自身でも正しい点字の知識を身につけ、点字の表記やレイアウト処理などが適切であるかどうかを確認できるようになることが望ましいです。

　3）点字プリンタ

　コンピュータで作成した点字データを実際に触読できるように印刷する際には、点字プリンタを使用します（図7-2）。印刷には、通常の印刷用紙よりも厚い点字用紙を使います。連続用紙や単票紙の片面に点字印刷するのが基本ですが、両面に点字印刷したり、墨字と点字を同時に印刷したり、図形

図7-2　点字プリンタ

などのグラフィックを印刷したりすることのできる点字プリンタもあります。印刷方式にはいくつか種類があり、特殊なインクを転写させて印刷を行うものや、ピンで点字用紙を打って印刷を行うものなどがあります。ピンで打つ印刷方式は印刷時の動作音が大きい場合が多いですが、静音設計であったり、高速で印刷したりできるようなモデルも販売されています。

4）自動点訳ソフト

　コンピュータ上で自動点訳ソフトを使用することで、漢字仮名交じりの文章を点字文書に自動で変換することができます。自動点訳ソフトでは、点字表記の規則に従って漢字の読み下しや分かち書きを行い、点字印刷用のレイアウトを構成してくれます。そのため、点字表記法を知らなかったとしても、墨字の文書を効率的に速く点訳することができます。

　ただし、間違いのない正確な点訳を得ることは非常に難しいため、児童生徒に配布する教材などを印刷する前には、点訳された点字文書やレイアウトを点字の知識のある人に確認してもらうようにしましょう。また、自らも点字の表記法を学び、点訳された点字文書を確認・修正できるようになることが望ましいです。ソフトには、有料の市販ソフトの他に、インターネット上で配布されている無料のものもあります。

（2）触図や触覚教材の作成を支援する情報機器

1）点図編集ソフト

　点図とは、凸点や凸線で構成された図形のことで、視覚障害のある児童生徒が図形や地図のパターンを触察することのできるものです。算数・数学で図形やグラフを表現したり、社会や地理で地図を表現したりする際に使用されます。この点図のデータをコンピュータ上で作成したり編集したりできるようにしたものが、点図編集ソフトです。

　フリーソフトで使用できるものとしては、当時徳島県の公立高校や特別支援学校（視覚障害）の教諭であった藤野稔寛氏の開発した「エーデル」があります。点の大きさや点間距離、点の配列などを任意に変えることができるため、様々な図形や面パターンを作成できます。「エーデル」は点字も入力することができるため、非常に幅広い点訳に対応しています。作成した図は、触図に対応した点字プリンタで出力することができます。

2）立体コピー機

　立体コピー機（図7-3）では、触図や立体教材を簡易に作成することができます。印刷には、熱を加えると膨張する非常に小さなカプセルが敷き詰められた専用の立体コピー用紙（カプセルペーパー）を使用します。用紙に黒いインクで絵や線を描き、立体コピー機に通すと、黒で描かれた部分に熱が集中的に加わり、カプセルが膨張することで凸状に盛り上がって触察できるようになります。黒のマジックを使って絵や図形を立体コピー用紙に直接描いたり、原図を立体コピー用紙に印刷したりすることもできるため、点図編集ソフトや一般的なドローソフトよりも簡易に触図や触覚教材を作成することができる場合もあります。

　最近では、一度立体コピー用紙に印刷してから立体コピー機に通すという

図7-3　立体コピー機

写真提供：ケージーエス株式会社。

2段階ではなく、直接コンピュータからデータを送信して立体コピーを出力できるような立体コピー機も発売されています。

3）3Dプリンタ

3Dプリンタは、コンピュータ支援設計（CAD: Computer-Aided Design）などで作成された3Dデータ（STLデータなど）を基にして、立体的な造形物を製作することのできる機器です。教育分野で教材作成に活用されるだけでなく、製造業で試作品を製作したり、医療分野で手術前の検討用の臓器模型を製作したりする他、個人向けの廉価モデルも販売されており、最近では目にする機会も多くなってきたのではないでしょうか。

印刷方式には様々な種類がありますが、廉価で手に入る3Dプリンタの多くは、熱可塑性樹脂のフィラメントを細い糸状に溶かして一層ずつ積み上げていくことで、立体物を作り上げていく熱溶解積層（FDM）方式を採用しています。立体物を造形するためには、3Dデータが必要になるため、3DCADソフトや3DCGソフトを使う必要があります。インターネット経由で既に完成されているSTLデータを入手したり、3Dスキャナを使って実物から3Dデータを生成することも可能ですが、視覚障害のある児童生徒が触察しやすいようにデフォルメして造形する必要があったり、3Dスキャナで生成されたデータでは精度が十分でなかったりする場合もあるため、3DCADソフトなどを利用できることが望ましいです。

特別支援学校（視覚障害）では、算数・数学で使用される立体図形や、社会で使用される立体地形図、理科や生物で使用される骨格やDNAの模型など、触れることで理解が深まる立体的な教材を製作する際の活用が想定されます。

（3）見ることを支援する情報機器

1）拡大読書器

教科書やプリントに書かれた文字などを光学的に拡大して見えやすくするためにルーペなどの視覚補助具が活用されますが、より高い倍率で文字などを拡大する際に使用する機器が拡大読書器です。カメラで取得した画像データに処理を施すことで、高拡大率でモニタに画像を表示させることができま

す。拡大読書器は、単に対象物を拡大して表示させるだけでなく、映し出す映像を白黒反転したり、コントラストを強調して表示させたり、映したくない部分をマスクしたりできる機能がついているものもあり、児童生徒の見え方に応じて映像を調整することができます。高い拡大率や広い視野を確保できる据置型と、持ち運びに便利な携帯型があります。

2）教科書・教材閲覧アプリ

教科書や自作した教材などのデジタルデータを見やすく表示したり音声で読み上げたりすることのできる閲覧アプリとして、UD ブラウザ[9] があります。UD ブラウザは、文部科学省「学習上の支援機器等教材活用促進事業」（平成 26 〜 28 年度）などの助成を受けて、慶應義塾大学の中野泰志氏らによって開発されたソフトです。

PDF 版拡大図書（教科用特定図書等）だけでなく、ワードファイルや HTML ファイルなどを扱うことができ、文字サイズや配色、書体、文字間、行間などを変更して表示させることが可能です。教科書や教材の原本と全く同じレイアウトで表示させるモードと、本文だけをシンプルに表示させるモードを切り替えることができたり、書き込みやラインを引いたり、自作した教材データを取り込んだりすることができる機能が備わっており、視覚障害のある児童生徒が教科書などのデジタルデータを見ることを支援してくれる情報機器として利用されています。

（4）文字の読み書きを支援する情報機器

1）ワープロソフト

ワープロソフトを使用すれば、漢字仮名交じりの墨字文を書くことが可能です。例えば、図 7−4 に示すように、キーボードを使ってコンピュータに入力した文字がスピーカーを介して音声で確認できたり、点字ディスプレイに出力して点字で確認できたりします。画面に表示された文字が見えなくても入力結果を確認することができるため、視覚障害のある児童生徒が文字を書くことを支援してくれます。

また、教師がワープロソフトを使って拡大教材を作成することもできます。文字や図などを拡大する簡単な方法としては、コピー機の拡大機能を使って

図7-4　コンピュータで入力した文字を点字ディスプレイ
と音声で確認している様子

出典：国立特別支援教育総合研究所。

単純に拡大する方法がありますが、行間や字間まで同じ倍率で拡大されてし
まうため、読みにくくなってしまう場合があります。そこでワープロソフト
を使い、行間や字間を調整しながら文字の大きさを拡大することで、読みや
すい拡大教材を作成することができます。また、文字や背景の色を修正する
ことでコントラストを上げたり、見えやすい色の組み合わせに変更したりす
ることもできます。同様に、図や表についても、単純に拡大するよりも見え
やすい修正を施すことができます。

　なお、文字や図のレイアウトを高度に編集したい場合には、印刷物のデザ
インなどに使用されるDTP（Desktop Publishing）ソフトを使用すると、よい
仕上がりに作成することができます。

2）音声読書システム

　教科書や新聞、雑誌などに印刷された墨字を視覚障害のある児童生徒が独
自に読むための情報機器として音声読書システムが挙げられます。これは、
カメラやスキャナで読み取った文字を光学的文字認識（OCR: Optical Character
Recognition/Reader）ソフトで認識し、文字情報を音声に置き換えて読み上げ
てくれるものです。視覚障害者が使いやすいように、コンピュータとソフト

を一体化させ、少ないキー操作と音声案内で操作できるように設計されているものもあります。

最近では、スマートフォンやタブレットに OCR ソフトのアプリをインストールしておき、付属のカメラで読み取った文字を音声で出力することも可能になりました。ただし、書かれた文章の内容を音声だけで理解するには大変な集中力が必要ですので、指導で使用する際には静かな環境を整えたり、十分な時間を確保したりするなどの工夫も大切です。

3）デジタル録音図書（DAISY 図書）

一般図書の内容を耳で聴いてわかるように、朗読した音声を CD やカセットテープなどに収録したものが録音図書です。このうち、「DAISY 図書」と呼ばれるデジタル録音図書が現在では一般的になっています。DAISY（Digital Accessible Information System）とは、視覚障害者や墨字の印刷物を読むことが難しい人々のためのアクセシブルな電子書籍の国際標準規格のことです。

DAISY 図書は、一般的な CD プレイヤでは再生することができず、専用のプレイヤか、再生用ソフトをインストールしたコンピュータを使う必要があります。従来の録音図書とは異なり、章や見出し、ページ番号を指定して読みたい場所に移動することができるアクセシビリティ機能が備わっています。

なお、DAISY 図書は、点字図書館や一部の公共図書館で借りることができるほか、サピエ図書館という書誌データベースからデータをダウンロードすることもできます[10]。コンピュータのソフトを利用して再生する場合には、読み上げられる文字がモニタ上でハイライト表示されます。文字の大きさや色、読み上げ速度なども変更することができますので、弱視の児童生徒にも活用しやすいと考えられます。

（5）コンピュータ操作を支援する情報機器

1）スクリーンリーダ

スクリーンリーダは、アプリやパソコンの画面情報を音声化してくれるソフトです。音声リーダや画面読み上げソフトと呼ばれることもあります。また、Web ブラウザ専用のスクリーンリーダのことを音声ブラウザと言うこ

ともあります。スクリーンリーダを使うと、ワープロソフトや Web ブラウザ、メールソフトなどの画面情報を音声で読み上げてくれることで利用可能になります。

　一般的なコンピュータでは、マウスを使って画面上に表示されるカーソルを動かして操作する方式が多いですが、カーソルの位置などを視覚で確認できない視覚障害のある児童生徒は利用することができません。そこでスクリーンリーダを活用し、ショートカットなどを使ってキーボード入力した結果を音声でフィードバックしてもらうことで、コンピュータを操作することができるようになります。なお、同音意義語や漢字の音読みと訓読みなどを正しく識別して正確に音声に変換できない場合もあるため、その点に留意して使用する必要があります。

2）画面拡大ソフト

　モニタに映し出される画面の全体や一部を拡大表示して弱視の児童生徒がコンピュータを使いやすくするためのソフトが画面拡大ソフトです（図7-5）。拡大読書器のように、拡大箇所を全画面で表示するモードの他にも、マウスカーソルの近くだけを拡大表示させたり、マウスカーソルの色や大きさ、画面の色やコントラストを変更したりする機能も備えています。また、拡大表示をすると、自分が全体のどの部分を見ているのかわからなくなることがあるため、全体のどこを拡大表示しているのかをナビゲーション表示してくれる機能をもったソフトもあります。

　有料のソフトのほかに、OS に標準搭載されているアクセシビリティ機能の中にも類似の機能をもったソフトがインストールされているため、必要に応じて効果的に活用するのがよいでしょう。

図7-5　画面拡大ソフトを使ってコンピュータ画面を
　　　　拡大表示している様子

出典：国立特別支援教育総合研究所。

3）スマートスピーカー

人工知能（AI: Artificial Intelligence）を搭載し、対話型の音声操作に対応したスマートスピーカーも、視覚障害のある児童生徒がコンピュータを操作するためのツールの候補のひとつになりつつあります。スピーカーとして音声出力ができることに加え、内蔵されたマイクで取得した音声を AI で認識することで、連携したコンピュータやスマートフォンを音声で操作することが可能になります。

コンピュータだけでなく、テレビやエアコン、電気などの家電の操作も音声で可能になるため、学習だけでなく、日常生活での使用も想定されます。音声認識の精度向上や、実現できるタスクの多様化など、今後の技術進展にも期待できます。

(6) デジタル教科書

2017（平成 29）年 4 月告示の「特別支援学校小学部・中学部学習指導要領」[1] で重視されている「主体的・対話的で深い学び」の視点からの授業改善や、特別な配慮を必要とする児童生徒等の学習上の困難を軽減させるために、2019（令和元）年 4 月から「学校教育法等の一部を改正する法律」等関係法令が施行され、児童生徒自身が学習で使用する学習者用デジタル教科書が制度化されました。このことによって、必要に応じて教育課程の一部で紙の教科書に代えて学習者用デジタル教科書が使用できるようになりました。そして視覚障害のある児童生徒の場合には、教育課程の全部においても、紙の教科書に代えて、学習者用デジタル教科書を使用することもできるようになりました。「学習者用デジタル教科書」は、データ化する際に変更が必要な内容は除き、紙の教科書の内容の全部をそのままデータ化した教材のことを指します。そのため、動画や音声、アニメーションなどのコンテンツは学習者用デジタル教科書には該当せず、デジタル教材となります。こうしたデジタル教材とデジタル教科書が一体となって活用されることで、児童生徒の学習もさらに充実したものになると考えられます。

デジタル教科書では、音声読み上げ機能や文字の拡大縮小、テキストの色や行間・文字間隔の変更などが可能であり、視覚障害のある児童生徒が利用

する際に活用したい機能が備わっています。また、点字教科書や拡大教科書は通常の紙の教科書よりも大型であるため、家庭学習のために持ち帰るには不便ですが、デジタル教科書はコンピュータやタブレットに複数の教科をインストールしておくことができるため、持ち運びやすい点もメリットのひとつです。なお、現在はデジタル教科書が普及する初期段階であるため、引き続き、児童生徒が使いやすいインタフェースなどについてさらなる検証が必要であると考えられます。

(7) スマートフォンやタブレット

最近では、視覚障害のある児童生徒が、スマートフォンやタブレットを学習活動に活用したり、日常的に利用したりすることが増えてきました。音声読み上げや拡大機能などのアクセシビリティ機能を活用しながらスマートフォンを操作することで、インターネットに接続したりメールを書いて送ったりすることができます。タブレットについては、デジタル教科書・教材をインストールして閲覧することができ、特別支援学校（視覚障害）だけでなく、小・中学校の弱視特別支援学級においても活用が進んでいます[11]。

スマートフォンやタブレットに付属しているカメラ機能を使えば、その場で撮影した黒板の画像や細かな地図などを拡大して見たり、体育で身体の動きを動画で撮影してスローモーションで見たりすることができます（図7-6）。専用のアプリをインストールすれば、カメラで映し出した物や色を識別して音声で教えてくれたり、電化製品のオンオフ操作ができたり、新聞やラジオを見たり聞いたりすることもできます。様々な機能を使いこなし、個々の児童生徒に合わせてカスタマイズすることで、視覚障害教育においても非常に有効な情報機器になり得ると考えられます。

(8) Web 会議システム

GIGA スクール構想によって、1人1台端末や入出力支援装置とともに、高速大容量の通信ネットワークが全国的に整備されました。このことで、Web 会議システムなどを利用したオンラインによる遠隔授業がより身近なものになりました。特別支援学校（視覚障害）の在籍者数は年々減少してき

図7-6　タブレットで地図を拡大して見ている様子

出典：国立特別支援教育総合研究所。

ており、1学級あたりに在籍する児童生徒の数が1人またはいない学年があるという学校も少なくありません。そのため、児童生徒同士の学び合いやコミュニケーションの機会を確保することが難しいという課題があります。

　こうした課題に対して、交流及び共同学習や他学年・学部との交流授業などを取り入れて工夫している学校も多くありますが、オンラインによる遠隔授業も効果的な方法のひとつとなります。Web会議システムなどを使って遠隔にいる児童生徒同士がつながれば、同じもしくは近い年齢の他者の意見をリアルタイムで聞いたり、意見を交換したりすることも可能です。同世代の多様な価値観に触れ、自分の考えをより広げたり深めたりする機会をつくることもできるでしょう。

＊　　　＊

　本章では、視覚障害教育における情報機器の活用についてみてきました。ここで挙げた情報機器は日進月歩で進化しており、新しい機器やソフト、アプリが今後も現れてくることでしょう。日々進歩する技術を教育の中に積極的に取り入れることで、視覚障害のある児童生徒の学習環境やQOLの向上が期待できます。

　しかし、コンピュータを使えば自動で点訳をしてくれたり、平仮名を漢字

に変換してくれたりするからといって、点字や漢字を学習しなくてよいということにはなりません。こうした学習をしっかりと行い、基礎となる力を固めながら、適切に情報機器の活用を検討していきましょう。あらゆる可能性を秘めた情報機器ですが、それを使って何をしたいのか、子どもにとってどのように効果的なのかという視点が大切です。また、コンピュータを使うのか、タブレットを使うのか、あるいは紙と鉛筆や実物教材を使うのかといったように、目的を達成するために必要なツールを児童生徒自身で選び、決められる力を育むことも大切です。情報機器を適切に活用することによって、視覚障害のある児童生徒の学びや生活がより一層充実したものになっていくことを期待します。

引用・参考文献 ────

1）文部科学省（2017）「特別支援学校小学部・中学部学習指導要領（平成 29 年告示）」。
2）文部科学省（2018）「特別支援学校教育要領・学習指導要領解説 総則編（幼稚部・小学部・中学部）平成 30 年 3 月」。
3）新しい時代の特別支援教育の在り方に関する有識者会議（2021）「新しい時代の特別支援教育の在り方に関する有識者会議 報告」。
4）中央教育審議会初等中等教育分科会（2019）「新しい時代の初等中等教育の在り方 論点取りまとめ」。
5）中央教育審議会（2021）「『令和の日本型学校教育』の構築を目指して～全ての子供たちの可能性を引き出す、個別最適な学びと、協働的な学びの実現～（答申）」。
6）長岡英司（2008）「視覚障害者のコンピュータ利用の歴史」、『財団法人電気通信普及財団平成 19 年度研究調査助成 視覚障害者のパソコン・インターネット・携帯電話利用状況調査 2007』、72–77 頁。
7）文部科学省（2018）「特別支援学校学習指導要領解説 各教科等編（小学部・中学部）」。
8）国立特別支援教育総合研究所（2018）「平成 29 年度全国小・中学校弱視特別支援学級及び弱視通級指導教室設置校及び実態調査 研究成果報告書」。
9）中野泰志「教科書・教材閲覧アプリ『UD ブラウザ』のホームページ」https://psylab.hc.keio.ac.jp/app/UDB/（2022 年 5 月 10 日最終閲覧）。
10）日本点字図書館「サピエ」https://www.sapie.or.jp/cgi-bin/CN1WWW（2022 年 5 月 10 日最終閲覧）。
11）Nishimura, T., Doi, K., Sawada, M., and Kaneko, T.（2022）Basic survey on children and teachers in special classes for children with low vision in Japan. *British Journal of Visual Impairment*, Vol. 40, No. 2, pp. 160–174.

（西村崇宏）

第 **8** 章

視覚障害のある重複障害児の指導

　本章では、視覚障害のある重複障害児童生徒等をめぐる現状と課題や個別の指導計画作成のための手順や留意点、とりわけ実態把握の方法や指導を行う際の視点や配慮、教材例などについて紹介します。また、視覚と聴覚の両方に障害のある盲ろうの子どもたちの教育については、別途項を設け概説します。

1　重複障害のある児童生徒等とは

　重複障害のある児童生徒等とは、どのような子どもたちのことを指すのでしょうか。重複障害のある児童生徒等とは、複数の種類の障害を併せ有する子どもたちのことです。そして、「複数の障害」とは、視覚障害、聴覚障害、知的障害、肢体不自由及び病弱について、原則的には、学校教育法施行令第22条の3（表8-1）において規定している程度の障害を複数併せ有するということです[1]。しかし、必ずしもこの障害種に限定されているのではなく、言語障害、自閉症、情緒障害等を併せ有する場合も含めて考えてよいことになっています。

　現在、特別支援学校に在籍する重複障害のある児童生徒等は、視覚・聴覚等の感覚障害と知的障害や肢体不自由を伴う者、肢体不自由と医療的なケアを要する者など、その障害の様相は多岐にわたっており、これまで以上に一人ひとりの教育的ニーズに対応した適切な指導や支援が求められています。

表 8-1　特別支援学校の対象となる障害の程度（学校教育法施行令第 22 条の 3）

区分	障害の程度
視覚障害者	両眼の視力がおおむね 0.3 未満のもの又は視力以外の視機能障害が高度のもののうち、拡大鏡等の使用によつても通常の文字、図形等の視覚による認識が不可能又は著しく困難な程度のもの
聴覚障害者	両耳の聴力レベルがおおむね 60 デシベル以上のもののうち、補聴器等の使用によつても通常の話声を解することが不可能又は著しく困難な程度のもの
知的障害者	1　知的発達の遅滞があり、他人との意思疎通が困難で日常生活を営むのに頻繁に援助を必要とする程度のもの 2　知的発達の遅滞の程度が前号に掲げる程度に達しないもののうち、社会生活への適応が著しく困難なもの
肢体不自由者	1　肢体不自由の状態が補装具の使用によつても歩行、筆記等日常生活における基本的な動作が不可能又は困難な程度のもの 2　肢体不自由の状態が前号に掲げる程度に達しないもののうち、常時の医学的観察指導を必要とする程度のもの
病弱者	1　慢性の呼吸器疾患、腎臓疾患及び神経疾患、悪性新生物その他の疾患の状態が継続して医療又は生活規制を必要とする程度のもの 2　身体虚弱の状態が継続して生活規制を必要とする程度のもの

注：1　視力の測定は、万国式試視力表によるものとし、屈折異常があるものについては、矯正視力によつて測定する。
　　2　聴力の測定は、日本産業規格によるオージオメータによる。
出典：文献 1) より。

② 視覚に障害のある重複障害児童生徒等の現状と課題

　視覚障害を伴う重複障害児童生徒等をめぐる現在の状況について、筑波大学が 1970 年以降 5 年ごとに実施している「全国視覚障害幼児児童生徒の視覚障害原因等実態調査」（以下「筑波大調査」）[2]）や国立特別支援教育総合研究所が 2018 年に実施した「特別支援学校（視覚障害）における重複障害幼児児童生徒に関する実態調査」（以下「特総研調査」）[3]）の結果に基づいて説明します。

　視覚障害教育は、1948 年度から学年進行で義務制に移行しましたが、この義務制以降 1959 年度の 10,264 人まで在籍者数は増加傾向を示し、その後、今日までほぼ一貫して減少傾向を示しています[4]）。

　「筑波大調査」では、特別支援学校（視覚障害）に在籍している重複障害児童生徒の数について、1979 年度「養護学校義務制」の翌年 1980 年度から

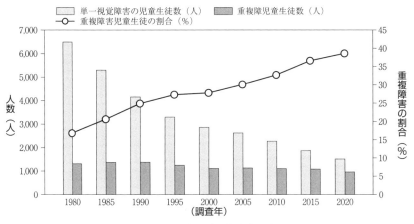

図8-1　単一視覚障害及び重複障害児童生徒の人数
ならびに重複障害児童生徒の割合の推移

出典：文献2）より。

調査を実施しています。図8-1は、1980年度調査から2020年度調査までの特別支援学校（視覚障害）の単一視覚障害の児童生徒数と重複障害児童生徒数、そして各年度に占める重複障害児童生徒の割合の推移を示したものです。単一視覚障害の児童生徒数が確実に減少傾向を示しているのに対して、重複障害児童生徒数はほぼ横ばい状態にあり、結果として全体の児童生徒の中で重複障害児童生徒の占める割合が増加傾向を示していることがわかります。

　次に、視覚障害と併せ有する障害の種類についてみていきましょう。「特総研調査」での結果を図8-2に示します。視覚障害と併せ有する各障害の組合せで、割合が高い

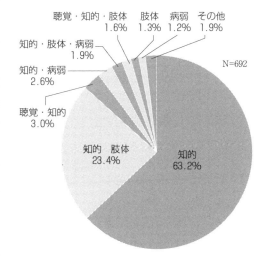

図8-2　視覚障害以外に併せ有する障害の種類

出典：文献3）より。

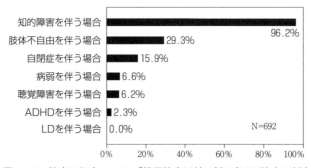

図8-3　障害の組合せによらず視覚障害以外に併せ有する障害の割合

出典：文献3）より。

のが「視覚障害と知的障害」で6割を超え、次いで「視覚障害と知的障害・肢体不自由」で2割程度、以降は、「視覚障害と聴覚障害・知的障害」、「視覚障害と知的障害・病弱」等であり、その組合せで「知的障害」を併せ有する場合が多いことがわかります。また、視覚障害に伴う障害として、障害の組合せによらず、伴う障害についてまとめたのが図8-3です。割合が高い障害は、「知的障害」で9割を超え、次いで「肢体不自由」「自閉症」等で、ここからも「知的障害」を併せ有する場合が多いことがわかります。この結果は「筑波大調査」においても同様となっています。

　また、「特総研調査」では、視覚障害のある重複障害の児童生徒等への指導において課題となっている事項についても調査しています。その結果、個々の児童生徒等の障害の様相が多岐にわたることから、「視覚活用、触覚活用を含めた実態把握の方法」、実態把握から指導につなげるための「個別の指導計画作成や活用の方法（目標設定と評価）」を課題としているところが多いことがわかりました。その他、「外部専門家との連携」や「重複障害に関わる研修の不足」などが課題として挙がっていました。

③ 実態把握の方法

（1）視覚障害を伴う重複障害教育の考え方

　まず、視覚障害を伴う重複障害教育の考え方について整理しましょう。視

覚障害があることから、当然、視覚障害教育の対象となるわけですが、併せ有する他の障害がありますので、通常の視覚障害教育による対処だけでは不十分です。視覚障害を伴う重複障害を理解するうえでは、視覚障害についての十分な知識はもとより、併せ有している個々の障害についての十分な知識も必要となります。しかし、重複障害は、重なる障害が加算的に現れるというよりも、むしろ相乗的に困難が生み出されます。それぞれの障害による教育的ニーズを合算してとらえるのではなく、重複することによる独自な教育的ニーズを個々の状況に即して的確にとらえ、対応することが大切です。

　視覚障害を伴う重複障害のある児童生徒等の様態は多岐にわたり、個々の発達の状況や環境等を含めてていねいにみていく必要がありますが、共通してみられる困難や課題として、コミュニケーション、探索活動、空間定位、概念形成等が挙げられます。

　視覚障害は情報障害といわれることもあるように、視覚障害がもたらす影響のひとつに情報の不足があります。情報が不足し、行動が制限されると、知識や実体験の不足、外界へ働きかける力などが不足し、さらに情報を獲得できないという悪循環が生じます。視覚障害を伴う重複障害のある児童生徒等は、障害の状態によって、外界の情報を得ることが単一の視覚障害の児童生徒等よりさらに困難となったり、知的障害が伴う場合などは効率的な情報処理の困難が加わることもあって、周囲の状況の理解が難しかったり、自ら身体を動かして確認することが難しかったりする場合が多くみられます。これらは先に挙げた共通にみられる困難や課題である概念形成等を育成するうえで不利な状態であるといえます。このような状態にある児童生徒等には、概念形成等の基盤となる学習に十分時間をかけてていねいに行うことが必要です。また、係わり手が適切に情報を補っていくなど、意図的な指導や工夫が重要となります。

(2) 実態把握の実際

　視覚障害を伴う重複障害児童生徒等の実態把握については、様々な側面から子どもたちの様態をていねいにみていく必要があります。具体的には、視覚・聴覚・触覚などの感覚に関する領域、手指の微細運動を含む知覚運動協

応に関する領域、対人関係・情緒・コミュニケーションに関する領域、姿勢や粗大運動に関する領域などがあります。

　実態把握の方法としては、標準化された発達検査等を用いる場合と、行動観察や聞き取りによる場合があります。その実際は、子どもたちからの反応や変化が読み取りづらかったり、標準化された検査を用いることが困難であったりする場合が多くあり、その把握は容易ではありません。前述した「特総研調査」で紹介したように、担当する先生方の課題として「視覚活用、触覚活用を含めた実態把握の方法」が多く挙がっていたことからも学校現場で苦慮している状況がわかります。

　しかし、実態把握は、個々のニーズを明らかにし、指導目標、指導計画を立案し、指導につなげていくための基準となるものです。いわば教育的係わりのスタートとなるものです。どのような視点でみていけばよいのか、その手がかりについて考えてみましょう。

1）医学的診断や所見、生育歴を把握する

　疾患名を知ることによって、どのような状態が出現するのか、今後どのような点に留意する必要があるのかなど、教育的な係わり方についての手がかりを得ることができます。これまでの治療や療育の経過を把握しておくことはとても大切です。

2）発達検査等の活用

　標準化された発達検査等の多くは、障害のない子どもの発達が基準とされており、また、見えることを前提にしているために、視覚障害を伴う重複障害の子どもたちへの使用は、困難な場合が多いです。しかし、個々の状態によっては、WISC－Ⅲの言語性検査、WISC－Ⅳの言語性の下位検査等が活用できる場合があります。また、視覚障害のある子どものための発達診断検査である広Ｄ－Ｋ式視覚障害児用発達診断検査が活用できる場合もあります。

　ただし、こうした検査結果のみで判断するのではなく、重複障害のある子どもたちの発達過程には、個人差が大きいことを踏まえて、様々な側面から子どもたちをみていきましょう。

3）行動観察

　視覚障害を伴う重複障害の場合、まず、視覚や聴覚、触覚といった感覚機

能の評価が重要となりますが、重複する障害の内容や程度によっては、通常の測定や検査が困難である場合が多くあります。そこで、独自に工夫された機能評価を行うことが必要です。特に行動観察による評価が重要で、子どもの行動全般にわたって継続的に行うことが考えられます。行動観察は、直接子どもとの係わりや働きかけを通して行うことが有効です。単に「できるか、できないか」の把握だけではなく、どのような条件や援助があれば可能なのかなどもみていくことが大切です。そして、表面的な評価で終わらないで、その行動の意味をしっかりとらえることも忘れないようにしましょう。

● 視覚障害の状態等の把握

　まず行動観察においては、目の外観の他、固視・追視・視線の移動の状況をていねいに観察しましょう。固視は光源や物に視線を向けてじっと見ることであり、追視は光源や物を動かした場合にそれを眼で追うことです。そして視線の移動とは、複数の対象がある場合に、それらについて視線を移動して見るということです。また、これら行動観察を行う際には、視標と背景、視距離等に注意することが必要です。背景が変わってコントラストがはっきりしたとたんに、子どもが視標を真剣に見つめ始めるといったこともあります。視覚障害の場合、明るいほうがよい場合と、それではまぶしくて見えにくい場合（羞明）があります。明るい照明のときと、そうではないときの視覚活用や行動の違いを観察し、比較することも重要です。また、薄暗くなると見えにくくなる場合（夜盲）もありますので、薄暗いところでの行動を観察する必要もあります。

　さらに、日常生活の中にある物を使って行う視機能評価もあります。例えば、どのくらいの視距離で、どのくらいの大きさの物が見つけられたかによって視力を推定したり、広い範囲に散らばった物をどの位置からどの位置の物が見つけられたかによって視野を推測したりするという方法もあります。また、様々な色の対象物について、その見分けがついているか等、色の弁別の状況をみることも行動観察の観点のひとつです。

　これらの行動観察から、例えば、光がわかるのなら光遊びができる、色がわかるのなら目印にはっきりした色を使うことができる、どれくらいの距離でどれくらいの大きさの物であれば認識できるかを知ることによって、教材

等の作成や提示の手がかりとなり、指導に役立ちます。

● 聴覚障害の状態等の把握

　聴覚に関しても、視覚の場合と同様で、行動観察では、音源そのものを工夫したり、環境音に注意を払ったりすることが大切です。子どもにとって意味のある音に対しては、子どもも明確な反応を示しますので、普段の子どもの姿をよくみておきましょう。

　また、日常的に、何かの音が鳴ったときの反応や音が止んだときの反応を観察しましょう。音が鳴ったとき、その方向へ身体を向けたり、振り向いたり、動きが止まったりという行動のほか、驚いたり、笑ったり、泣いたりといった表情の変化がみられることもあります。音が止まった場合も、その方向へ再度向くという行動のほか、どのような行動がみられるかを観察することが大切です。そして、何らかの反応があったときに、どれくらいの距離で、どれくらいの音の大きさなら聞こえるのかなどを把握し、それを教育活動や日常生活に活かすことが大切です。

● 触覚活用の状況の把握

　受動的に手に物が触れてそれを自ら触るということから、自分から手を伸ばして物に触ることへ、また手を動かして物を探したり、各部を触って調べたりすることへ、さらには身体の移動によって手の届く範囲外の物まで触って理解するといった一連の段階について、その子がどのような状況であるかを把握することが大切です。

　手指による物の操作については、玩具や日常生活用具の操作、食事、衣服の着脱などにおいて、触覚をどのように活用しているかを知りましょう。手指による物の操作については、つかむ、叩く、探すといった手の運動機能の側面からの状況把握とともに、物の位置、向き、傾き、長さ、運動方向などの理解といった空間的な調整の側面からの状況把握も必要です。

④ 個別の指導計画作成や活用の方法

　視覚障害を伴う重複障害の子どもたちの教育的ニーズを整理するにあたって、まずは、その子が併せ有するすべての障害の種類やそれらの状態等を正

しく理解することに努めることが前提となります。そのうえで、必要な支援の内容を検討する際には、対象となる子どもの現在の障害の状態等を踏まえ、現に指導すべき複数の課題のうち、優先すべき課題について検討し、教育的ニーズを整理していく必要があります。

　子どもたちの実態把握に基づいて重点目標を設定し、1 年程度の長期的な観点に立った目標と、1 学期程度の短期的な観点に立った目標を設定します。次に、設定された目標を実現するために、具体的にどのような内容を指導する必要があるのか検討します。この場合、それらの指導内容がどの教科や領域に位置づけられるのかも考えておくことが大切です。このことについては、平成 29 年改訂の学習指導要領[5]で、新たに「学びの連続性」が重視されており、学校で行う種々の指導について、その内容の連続性をはっきりさせるために、計画についてもその基本的な考え方を整理して示すことが強く打ち出されているのです。あらためて個々の状態をていねいに把握し、これまでにどのような学習がなされてきたのかを踏まえつつ、個別の指導計画や各教科の目標・内容と照らし合わせて、学習指導要領の「重複障害者等に関する教育課程の取扱い」[5]を考慮して弾力的に教育課程を編成することが求められているのです。

　そして次に、作成した個別の指導計画に基づいて学習活動を展開していきます。その後、指導の評価を行うにあたっては、子どもたちの実態把握が適切であったか、指導目標や指導方法が適切であったか、子どもたちの主体的な活動を引き出し、適切な指導を行うことができたかなどを振り返ります。この評価を基に再度、個別の指導計画を見直すという PDCA（Plan–Do–Check–Action）サイクルを繰り返し、重点目標に迫っていきます。

⑤　指導の実際

　視覚障害を伴う重複障害の場合、視覚の十分な活用が見込まれないことから、他の感覚活用を考慮する必要があります。なかでも触覚の働きは特に重要で、視覚が同時にたくさんの情報を取り込めるのに対して、触覚はひとつひとつ順番に取り込んでいく継時的な情報収集を行うものであることから、

こうした認知特性を踏まえて学習を進めていくことが大切です。

　また、学習の展開は、学習者の興味関心や状況・条件などによって異なります。大枠としての系統性として、通常の発達の道筋を念頭に置きながらも、実践の場では、子どもに合わせて柔軟に考えることが重要です。

　では、視覚障害を伴う重複障害のある子どもたちの指導の実際として、大事にしたい視点をいくつかみていきましょう。

（1）応答関係の形成

　まず、日々の係わりのなかで、相手の発信をていねいに受けとめることから始めるのが基本です。明確な発信が認められない場合は、子どもの状態変化を発信とみなして、これに対して応答することです。また、子どもの活動を予測して、それに合わせて応答し、その展開を助けていくことも大切です。

　例えば、触覚的な探索では、子どもの手の動きをよく見て、手が向かう先の対象を予測し、それに合わせた言葉がけをしたり、その対象に行き着くように手助けしたりする、などが考えられます。そして、子どもの受けとめの様子を見ながら、できるだけ触覚的な触れ合いを図りましょう。触覚は外界から情報を取り入れて人や物に働きかけるための手段であるとともに、コミュニケーションの手段ともなります。特に視覚と聴覚に障害のある盲ろうの場合は、触れていなければ基本的にその存在は無と同じになってしまいます。

　さらに、人に対する積極的な関心を育て、信頼を生み出すことや、物に対する関心・好奇心を育成すること、人や物を媒介とした「やりとり」によって「通じ合う」ことの関係性の成立を図ることも重要です。

（2）探索活動の促進

　子どもの探索活動を促進させるには、活動における拠点を設定することが大切になります。この場合の「拠点」とは、特定の係わり手であったり、特定の場所であったりします。また、子どもの自発的な動きに対して、こちらが探索的な意味合いを読み取り、その活動展開を支援することが重要です。子どもだけでは十分には展開しない探索を、支援によって拡がりのあるものにしていくことで、より一層「わかる範囲」が拡大し、係わり手との信頼関

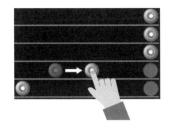

図8-4　触覚と視覚を活用した探索活動を促す教材例

出典：文献6）より。

係が醸成されます。

　なお、触覚による探索活動では、子どもがその場から移動しつつ探索する場合と、移動せずに手が届く範囲内で手指を動かして探索する場合があります。子どもに自発的な移動による探索がみられない場合、まずは教材等を用いて、操作的な活動を行うことで、子どもがその場で手を伸ばしたり、手指で探ったりする行動を促していきましょう。

　視覚障害を伴う重複障害の子どもの場合には、ある程度の視力や視野があると考えられる場合でも、物を固視したり、追視したりすること等が十分にできていないことがあります。そのような場合、物を手指で操作することによって、その動きを眼で追ったり、教材の各部を固視したり、各部の間で視線を移動するなど、物の操作を行うなかで、視覚の活用を図ることができ、探索活動も促されます。図8-4は、そのような力を育成するための教材例です[6]。左のワッシャーのようにキラキラ光るものを使ったり、右のようにコントラストを高めた教材を使ったりする工夫がなされています。

　また、こうした課題場面以外でも、目的地を見つけたり、食べたいものを選択したりするなどの具体的な活動の展開の中で、視覚や触覚を活用した探索活動を促していくことも大切です。

（3）概念形成

　視覚障害や知的障害があると、概念形成に制約を受けることから、発達の初期の段階から意図的な働きかけを行うことが重要になります。

子どもは一般に、生活のなかで生起する遊びを通じて偶発的な学習を行い、様々な概念を身につけていきますが、重複障害のある子どもの場合は、ただ自然に任せておくだけでは偶発的な学習が成り立ちにくい傾向にあります。

　生活で必要となる概念は様々なものがありますが、例えば空間・人・時間に関する概念は基本的なものとなります。これらを理解するためには、数、長さ、重さといった基礎となる概念の形成が必要です。視覚障害がある場合は、特に形態や、位置、上下、左右等の空間概念の理解が困難なため、これらの概念の育成は、その後の学習の基礎にもなりますので、重点的に取り上げていくことが必要です。

　また、学習を行う際には、比較や分類、構成といった操作が有効で、このような操作活動を通じて学習を進めるための、様々な教材がとても重要な意味をもちます。基礎的な概念学習から線や点のパターン学習へと進めていければ、それらはやがて点字学習の基礎へとつながっていきます。

　なお、学習を進めるにあたっては、生活とのつながりを常に意識し、具体的な活動を通じて理解できるようにしたり、言葉を実体として理解できるようにしたり、工夫していくことが大切です。図8-5は、位置や形態、見本合わせの学習に使われる教材です。概念形成を目的とする課題学習の基本教材として特別支援学校等でよく活用されています。

図8-5　位置や形態、見本合わせの教材例

6 盲ろうの子どもたちの理解と指導

(1) 盲ろうとは

「盲ろう」とは、視覚と聴覚の両方に障害のある状態のことを指しますが、その障害の状態や程度は様々です。見え方と聞こえ方の組み合わせによって、次の4つのタイプに大別されます[7]（図8-6）。

①全く見えず聞こえない状態
　の「全盲ろう」
②全く見えず聞こえにくい状
　態の「全盲難聴」
③見えにくく聞こえない状態
　の「弱視ろう」
④見えにくく聞こえにくい状
　態の「弱視難聴」

図8-6　盲ろうのタイプ

出典：文献7）より。

また、視覚障害・聴覚障害のそれぞれの発症時期に基づき、表8-2のようにも区分されます[7]。

「盲ろう」とは、情報の極端な制限により、人及び環境との相互交渉に著しい困難がもたらされます。人間関係の育成、概念の形成、コミュニケー

表8-2　視覚障害・聴覚障害の発症時期に基づく区分

先天盲ろう	先天的、乳・幼児期に視覚聴覚の両方に障害を発症する。
盲ベース盲ろう	視覚障害が先に発症し、その後聴覚障害が発症する。
ろうベース盲ろう	聴覚障害が先に発症し、その後視覚障害が発症する。
中途盲ろう	先天的、乳・幼児期に視聴覚障害がなく、その後、視覚聴覚の両方に障害を発症する。
加齢に伴う盲ろう	老人性難聴や老人性白内障など、加齢に伴う疾病によって視覚聴覚の両方に障害を発症する。

出典：文献7）より。

ション方法の獲得、空間の方向定位と移動、日常生活活動の習得、社会生活への参加、学校でのあらゆる学習、余暇活動等、広範囲にわたり影響が出てきます。

(2) 盲ろう教育の現状と課題

　国立特別支援教育総合研究所が 2017 年度に実施した「特別支援学校における盲ろう幼児児童生徒の実態調査」（以下「盲ろう実態調査」）[8] によると、全国の特別支援学校には、盲ろうの幼児児童生徒が 315 人（2017 年 5 月現在）在籍していることが明らかになりました。

　盲ろうのタイプ別の人数と全体に占める割合を図 8-7 に示します。これによると、弱視難聴が 157 人で全体の 49.8% を占めています。次いで全盲難聴 61 人で 19.4%、弱視ろう、全盲ろうと続きますが、ここで注目したいのが、「測定不能・不明」が全盲難聴と同数の 61 人の在籍で全体の 19.4% を占めている点です。盲ろうの子どもたちの実態把握の難しさを示していることがわかります。

　また、視覚と聴覚以外にも障害がある幼児児童生徒が 271 人（86%）であり、その主な内訳は、知的障害・肢体不自由が 117 人、知的障害が 56 人、

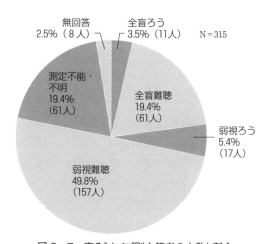

図 8-7　盲ろうタイプ別在籍者の人数と割合
出典：文献 8) より。

知的障害・肢体不自由・病弱が 40 人でした[8]。複数の障害が重なっており、その実態は多様であることが明らかになっています。

そのような多様な様態をもつ盲ろうの子どもたちの担当者が、実際に指導するにあたり課題として挙げている主な事項について以下に示します[8]。

担当者が抱えている課題

①視覚障害と聴覚障害の的確な状態把握

②対象幼児児童生徒の発達段階の把握

③適切なコミュニケーション方法

④コミュニケーション獲得に向けた具体的な働きかけ

⑤盲ろう幼児児童生徒に情報を提供する方法の難しさ

⑥指導方法の難しさ

⑦優先すべき指導内容とその選択の難しさ

⑧活用できる教材・教具の選択

⑨身近に相談・支援できる機関がないこと

（3）盲ろうの主な原因

次に、盲ろうの主な原因について説明します。一人ひとりの見え方、聞こえ方も多様ですが、盲ろうの原因も様々です。「盲ろう実態調査」によると、未熟児、チャージ症候群、先天性風疹症候群、アッシャー症候群、サイトメガロウィルス感染症、ダウン症候群、事故、髄膜炎などが挙げられます。

比較的よく知られているチャージ症候群とアッシャー症候群について紹介します（厚生労働省ホームページより）[9]。

1）チャージ症候群

チャージ症候群は、遺伝子変異により発症する多発奇形症候群で、難病指定されています。チャージ（CHARGE）とは、頻度の高い症例の頭文字（C：Coloboma of the eye 網膜の部分欠損、H：Heart defects 心奇形、A：Atresia of the choanae 後鼻孔閉鎖、R：Retarded growth and/or development 成長障害・発達遅滞、G：Genital abnormalities 外陰部低形成、E：Ear malformation and/or hearing loss 耳奇形・難聴）の組合せにより命名されています。これらの症状については、すべて出現するのではなく、頻度が高いということで、個々によって異なり

ます。

2）アッシャー症候群

アッシャー症候群は、感音難聴に網膜色素変性症を伴う疾患で難病指定されています。難聴の程度は中等度から重度難聴までと幅広く、先天性に発症する例がほとんどを占めます。また網膜色素変性は遅発性に発症し、夜盲に始まり、徐々に視野狭窄が進行していく例が多いようです。

（4）盲ろうの子どもたちの実態把握と指導

「盲ろう実態調査」[8] では、見え方、聞こえ方について「測定不能・不明」という記載が多くみられ、さらに盲ろうの子どもたちを担当する方々が「実態把握」について課題を抱えていることがわかっています。

では、盲ろうの子どもたちの実態把握において、どのような視点をもってみていけばよいのでしょうか。基本は、本章の「3　実態把握の方法」で述べた事項を参考にしつつ、個々の状態をていねいにみていくことが大切です。保護者の方から家庭での見えや聞こえのエピソードや気づいたことを聞くことによって、子どもの状態をより多角的に把握することができるので、学校と家庭、それぞれの場での様子について情報を共有していきましょう。

視覚と聴覚の障害が重複している子どもの指導では、情報保障やコミュニケーションについて、特にその方法を工夫する必要があります。また、視覚や聴覚の情報を保障するための意図的な指導・支援が必須となります。

盲ろうの子どもたちのコミュニケーションでは、保有している視覚と聴覚の活用をできるだけ促しながらも、同時に触覚・嗅覚・味覚などの他の感覚を活用していくことが大切になります。そして、そのコミュニケーションは、受信と発信の方法が異なる場合や、複数の方法を並行して用いる場合、状況に応じて異なる方法を用いる場合など、個々の実態に合わせて選択していきます。例えば、ある程度の言葉の基礎力があれば、点字、指点字、指文字、触指文字、手話、触手話等の方法が考えられます。それらが難しい場合は、絵文字・写真・ジェスチャー（身振りサイン）・指さし等、触覚的な情報の活用として、オブジェクト・キューやタッチ・キューの活用などもあります。オブジェクト・キューとは日常生活で実際に使用する具体物や半具体物等を

活動の手がかりにするもの、タッチ・キューとは子どもの手、肩、身体の一部に直接触れて伝える合図のことです。

このように、視覚障害、聴覚障害の状況に応じて、視覚的な方法、聴覚的な方法、触覚的な方法等のコミュニケーション手段を選択していくことが大切です。もちろん子どもから発信される表情の変化、しぐさ等の小さな動きを見逃さないことが大切であり、そこから共通の理解と信頼関係が生まれコミュニケーションへとつながっていきます。

＊　　　＊

特別支援学校（視覚障害）以外の特別支援学校等にも視覚障害を伴う重複障害児童生徒等が在籍しています。視覚障害という観点からの専門的な指導・支援の提供等、特別支援学校（視覚障害）のセンター的機能を発揮すると共に、子どもたちの学びの充実を共に図るという認識をもって、他障害種の特別支援学校等との連携も大切にしましょう。

引用・参考文献 ─────────

1）文部科学省（2018）「特別支援学校教育要領・学習指導要領解説 総則編（幼稚部・小学部・中学部）」開隆堂出版。
2）柿澤敏文（2022）「2020年度全国視覚障害幼児児童生徒の視覚障害原因等実態調査 報告書」。
3）国立特別支援教育総合研究所（2018）「特別支援学校（視覚障害）における 重複障害幼児児童生徒に関する実態調査」調査報告書。
4）全国盲学校長会編（2021）「視覚障害教育の現状と課題─令和2年度年報─」第60巻。
5）文部科学省（2017）「特別支援学校 幼稚部教育要領 小学部・中学部学習指導要領」。
6）国立特別支援教育総合研究所（2019）「視覚障害を伴う重複障害の児童生徒等の指導に関する研究─特別支援学校（視覚障害）における指導を中心に─」研究成果報告書。
7）国立特別支援教育総合研究所（2021）「視覚と聴覚の両方に障害のある盲ろうの子どもたちの育ちと学びのために──教職員、保護者、関係するみなさまへ」。
8）国立特別支援教育総合研究所（2018）「特別支援学校における盲ろう幼児児童生徒の実態調査結果について（速報版）」。
9）厚生労働省「指定難病」https://www.mhlw.go.jp/stf/seisakunitsuite/bunya/0000084783.html（2022年4月25日最終閲覧）。

（澤田真弓）

第 9 章

乳幼児期における指導

　視覚に障害のある子どもの乳幼児期の指導において、どのようなことに留意する必要があるでしょうか。発達上の課題やその対応、保護者への支援、幼稚部・幼稚園等での指導、小学校等への接続の配慮点等について概説します。

1　視覚に障害のある子どもの発達を規定する要因の整理

（1）1次的要因と2次的要因[1]

　視覚に障害のある乳幼児には発達の遅れの出現率が高いことが指摘されています[1]。五十嵐（1993）は視覚に障害のある子どもの発達を規定する要因を生理・解剖学的要因（1次的要因）と、その1次的要因から生じる要因及び環境的・学習的要因（2次的要因）に分けて整理しています。1次的な要因としては、脳損傷等視覚障害以外の発達阻害要因の有無、失明時期が挙げられます[2]。

　視覚障害から派生する2次的な要因は操作可能なものであり、適切なかかわりによって発達を促すことができます。この2次的要因について、次から詳細にみていきます。

（2）視覚障害から発生する2次的要因

　視覚障害から発生する2次的要因について、五十嵐（1993）は、①行動の制限、②視覚的情報の欠如、③視覚的模倣の欠如、④視覚障害児に対する社会の態度、の4点を指摘しています[2]。

1）行動の制限

視覚に障害があると、離れたところにいる人やものの場所がわかりにくいことから、様々な場面で行動上の制限が生じがちです。ものに手を伸ばす行動、特に音を聞いて音源のほうへ手を伸ばすことは、見たものに手を伸ばすことよりも高度な行動であるので、発現が遅れます。一般的な発達において、手を伸ばすという行動の次に移動があります。晴眼であれば離れたところにあるおもちゃなどが移動の動機づけになりますが、そのようなおもちゃなどの魅力的な対象が見えないと、何がどこにあるかといった情報を得にくく、自発的な行動も少なくなりがちです。また、慣れていない場所や、慣れた場所であっても人が多かったりものの配置がいつもと違ったりすると、一人で歩くことは難しくなります。

2）視覚的情報の欠如

視覚を通して得られる情報は非常に多く、視覚障害が概念形成や知識量に大きく影響します。また、乳幼児期は言葉の説明だけでは十分に理解できないことなどから、見て理解する晴眼の子どもに比べると、知識の誤りや偏りが生じることがあります。弱視の場合も、テレビ、絵本、写真など、視覚的情報をはっきりととらえられていないと、正しい理解には結びつきません。

3）視覚的模倣の欠如

乳幼児期の学びにおいて、まねをして自分でやってみるということがとても大切です。一方、視覚に障害のある子どもにとっては「周りが何をしているのか」「どんなふうにしているのか」などを知ることができないので、やってみようという気持ちが自然とはわきづらいものです。晴眼の子どもの場合は大人に教えられなくても模倣によって自然に習得する内容であっても、視覚に障害のある子どもの場合はひとつひとつ教える必要があります。また、箸やハサミなどの道具の使い方、ちょう結びの仕方、体操や体の使い方など、見えていれば理解しやすいことも、文字通り手取り足取りのていねいな指導が必要になります。

4）視覚に障害のある子どもに対する社会の態度

視覚に障害のある子どもの周囲の大人は「かわいそう」「見えないからできない」といった思いから、必要以上に手を出しがちです。実際は方法を工

夫すれば視覚に障害があってもできることがたくさんありますので、過保護はその機会を奪うことにもなりかねません。さらに、視覚障害を理由に周りとは異なる態度で扱われたり、みんなと一緒のことができなかったりといった経験は、その後の行動や考え方にも影響していきます。自分で判断したり試行錯誤したりしながら、例えば、小さな怪我であればそれも糧ととらえて、いろいろな経験を積ませていきたいものです。

(3) 早期教育の重要性

　五十嵐（1993）は、視覚に障害のある子どもの発達段階には一般的に4つの発達の壁、つまり発達の停滞が起こりやすい時期があると指摘しました。10か月ごろ、1歳半ごろ、2歳半ごろ、4歳半ごろの発達段階です。例えば歩行についていえば「歩けない（第1の壁）」、「音源に向かって直進歩行ができない（第2の壁）」、「走れない（第3の壁）」という大きな壁のつまずきがみられることがあります[2]。これらの発達の壁でつまずきを生じさせないようにするためには、時機を逃さずに適切な働きかけを行う必要があります。晴眼の子どもの場合は特別な支援が必要のない場面であっても、視覚に障害のある子どもには意図的な働きかけが必要なことがあり、さらに視覚障害があることを前提とした方法で行う必要があります。適切な支援があれば伸びるのにその支援が提供されていない、といったことを防ぐためにも、早期からの専門教育は非常に重要です。だからこそ、視覚障害特別支援学校においては、早期からの教育相談が実施されていて、乳幼児期からの相談を受け入れています。

　視覚障害は、他の障害に比べ発生率の低い障害であり、視覚障害のある子ども・保護者は各地域に点在して孤立しがちです。視覚障害のある乳幼児の子育てについての情報もなかなか得にくい状況があります。視覚に障害のある子どもの保護者同士の結びつきを深め、似たような経験を共有したり悩みを気軽に相談したりできる場があることも大切です。そのため視覚障害特別支援学校では、教育相談に来談している保護者が出会い話せる機会や、視覚に障害のある子ども同士が集団で活動する機会を設けています。

2 発達支援のポイント

(1) 体験をとおして学ぶことの重要さ

　乳幼児期に体験を積むことの大切さはいうまでもありませんが、視覚に障害のある子どもの場合は目から得られる情報が制限されるため、実体験がことさら重要です。しかし、現実的には何もかもを体験させることは難しく、時間も限られるため、保有する感覚を使った豊かな体験ができるように留意する必要があります。より質の高い体験を支援する視点として、青柳（2020）は、①核になる体験、②切れ目のない全体の体験、③身体全体を使った体験、④音を手がかりとした体験、の4点に整理しています[3]。

1) 核になる体験について

　基本となる内容をじっくりと体験することが、物事の概念やイメージを形作るうえでの土台となります。ばらばらにいろいろなことを体験するのではなく、体験で得られた概念やイメージが他の物事の理解や応用に発展できるように、基本になる内容を見定めることが大切になります[4]。

　核になる体験の例として取り上げられることの多い魚でこのことをみていきましょう。「魚っぽい形」をした魚としては、「アジ」を取り上げることが一般的です。基本的な形を理解するためには、この「アジ」をじっくり触ることが、核になる体験になります。魚の基本形がしっかりとイメージできると、他の魚とも比較ができるようになり、基本形とは異なる魚の特徴を理解することができるようになります。例えば、「サンマ」はアジを背骨の方向に細長く伸ばした形、「タイ」はアジを横から押さえて平たく伸ばした形、といった具合です。

　さらに、乳幼児期においては、日常のいろいろな遊びが核になる体験となり得ます。特に、指先を目とする視覚に障害のある子どもにとっては、手指や触覚を刺激する砂場遊びは、乳幼児期にぜひ存分に楽しんでほしい遊びのひとつです。「砂や泥の感触を楽しむ」「山やトンネル、だんごを作る」「スコップで砂をすくう」など、手指を多用し、外界への興味を広げながら、今後の学習へとつながる内容がたくさん含まれています。また、水遊びも大切

な要素となります。水遊びでは、水の気持ちよさの中でいろいろな体験ができますし、「水をくむ・運ぶ」「水をこぼす」「容器に穴があいていると水が漏れてしまう」など、遊びの中で水の性質を学ぶこともできます。

加えて、視覚に障害のある子どもの場合は、晴眼の子ども以上に大切な体験があります。例えば、「手でつかんで食べる」、「はだしで歩く」、「ペットや生き物を飼う」などです。「手でつかんで食べる」体験は、手を使って食材をじっくりと確かめられること、食べ物全体の分量や残りの分量などの見通しをもてることにもつながります。「はだしで歩く」は、足下の感触を楽しんだり、身近な環境を把握するための手がかりを増やしたりすることになります。動きのあるものをとらえることはなかなか難しいため、「ペットや生き物を飼う」ことも、触る機会が増えたり生き物の生活を間近で感じたりすることに貢献できます。

また、「ものを確認する」「ものを探す」「何だろうと思ったものを自分から触ったり見たりする」「満足するまで触ったり見たりする」「感じたことを自分なりに言葉で表す」といったことは、しっかりと身につけていきたい習慣です。機会あるたびに積み重ねていきたい内容です。

2）切れ目ない全体の体験

体験が部分的・断片的になると、物事の全体像を理解することができません。晴眼の子どもであれば、視覚的に情報を得ることで全体がつながりますが、視覚に障害のある子どもの場合には、最初から最後まで体験させないかぎりは全体がつながることはありません。よく例として挙げられるのは、調理された食材の形と調理前の食材の形の違いについてです。スイカや魚の切り身など、お皿に配られたときの状態は知っていても、本来の形、調理前の食材の形を知らないことがあります。

遊びの中での全体像の体験についてもふれていきます。例えば、風船遊びは当たって怪我をする心配もなく、視覚に障害のある子どもも楽しめる遊びのひとつです。風船がだんだん大きく膨らむ様子を触って確かめることも子供にとっておもしろい活動ですが、その他にも「風船を選ぶ」「ポンプを押して空気を入れる」「どの大きさまで膨らませるか決める」「風船の口を結ぶ」などの過程があります。膨らんでいく風船を押さえながらポンプを押す

活動や風船の空気を逃さないよう口を結ぶ活動などもあり、遊びの最初から最後まで全部1人で行うことは難しいのですが、役割を交代しながらすべての過程が体験できると、全体像の理解につながります。

　また、長めの時間を通しての全体像の体験としては、ピーマンやトマトなど、育てやすい野菜の世話をすることも大切な体験です。種を触る、種まきをする、水やりをする、芽を触る、間引きをする、だんだん大きくなっていく様子を触る、つぼみや花を触る、成った実の柔らかさや色などで食べごろを判断し収穫する、収穫したものを調理して食べる。こういった一連の体験は、野菜や植物についてのイメージへも広がるでしょう。

3）身体全体を使った体験について

　身体全体を使った体験は、特に乳幼児期に必要です。視覚に障害のある子どもは行動の制限を受けがちですが、安全に配慮された環境の中でしっかり身体を動かす体験は、空間概念や全身運動の発達のためにも大変重要で、視覚障害教育の中では環境認知と移動行動の集大成といわれる、歩行の基盤にもなります。

　また、遊具遊びやリズム運動では、楽しい雰囲気の中で「走る」「跳ぶ」「しゃがむ」「またぐ」「くぐる」といったいろいろな動きを積み重ねることができます。運動量の確保のためにも、乳幼児期のうちから身体を存分に動かすことの楽しさを味わわせたいものです。大きなブロックなど、机の上では収まらないようなものを使った構成遊びも効果的です。重いものを持ち上げて運ぶ、組み立ててよじ登る、高いところに手を伸ばして取る、くずれてももう一度組み立てるなどの大きな動きができ、空間理解の基礎になります。

　教室や家から外出する散歩は、距離・勾配・高低などを身体全体で感じる機会でもあります。1人で部屋の壁をたどってぐるっと歩いたり、スロープを行ったり来たりしたり、高さの違いを気がすむまで確かめたりなど、繰り返し行う様子が見られることがあります。時間的なゆとりのある中で、存分に味わえるように配慮することも大切になります。周りにどんなものがあるかを知らせたり、音やにおいを確かめたりなど、いろいろなやりとりをする中で、周囲の状況がはっきりしてきます。植物や虫などの他、フェンスや電信柱などの人工物など様々なものを触ることは、いろいろな環境を知る機会

でもあります。

4）音を手がかりにした体験について

音は、特に盲児にとっては、情報入手のための大切な手段になります。音を手がかりにした体験は、音に注意を向け、上手に聞き分ける力の素地を養い、空間の理解や、人の話を聞く力にもつながっていきます。

視覚に障害のある子どもは、音への興味関心も高いため、体験のモチベーションとしても利用することができます。きれいな音、気になる音、特徴的な音、好きな音など、音が鳴った瞬間にその音の世界に引き込まれていきます。また、音は大人からの促しがなくても自分で気づき、同時に相手にもわかってもらえるという点で楽しい体験となります。

音を手がかりにした体験の例として、身近にいる動物や虫の鳴き声が挙げられます。夏であれば、セミの鳴き声を聞いてセミがいることに気づくだけでなく、それをきっかけに、セミが出てくる絵本などを読み聞かせたり、セミの歌を歌ったりなど、セミを題材としたいろいろな活動を楽しむことができます。セミをつかまえたり、セミの抜け殻を見つけたりなど、生き物に直接触れる大切な体験にもつなげられます。

「音のほうに手を伸ばす」「音のほうに向かって進む」ことは、発達の初期において非常に大切です。また、「何の音なのか」「どの方向から聞こえるか」「どれくらいの大きさで聞こえるか」などに意識を向けることで、周囲の状況を把握したり、自分が今どこにいるかを特定したりすることができます。生活の中で機会あるたびに意識させていきたい内容です。

（2）環境を整える際のポイント

視覚に障害のある子どもは周囲の状況把握が難しいため、ともすれば外界への働きかけが乏しくなりがちです。自分の感覚を活用して周囲の状況が把握できるように安全で構造化された環境を整えることで、安心して動けるようになり、主体的な行動へとつながります。

1）安全の確保

人やものにぶつかって痛い思いをすると、自分で移動しようという気持ちが損なわれてしまいます。安全の確保のために、廊下にはものなどを置かな

い、教室内の動線には障害物を置かないなどが大切です。加えて、廊下や階段は右側通行など、ルールを作って動線を整理し衝突を防止することも大切です。

　視覚に障害のある子どもにとって転倒は、視覚障害をさらに深刻にしてしまうような事態にもつながりかねません。段差や階段、溝などの近くでは注意が必要です。床面の触感を変えたり、保有視力が活用できる子ども用に色のコントラストを明確にして段をわかりやすくしたりなど、危険な箇所であることに気づきやすいようにする必要があります。

　また、運動量の確保のためにも、思い切り身体を動かせる、広い場所で活動する時間がもてることも大切です。

2）範囲の明確化

　マット、じゅうたん、畳など、床面の触感で区域を分けると、教室内で自分が今どこにいるかがわかりやすくなります。おもちゃで遊ぶコーナーにマットを敷くなどの床面への配慮は、手を伸ばして触ったり足下での感触により自分の感覚でわかる印となり、いつも身体のどこかが触れているのでいつでも確かめられることで安心感があります。

　また、机上の学習などの際にも箱やトレイなどで範囲を区切ることも大切な配慮です。はさみやのりなど、使う道具を自由に机の上に置くのではなく、机の右奥に固定したトレイの中に置くなど決めておくと、落とすのを防いだり、どこに何があるか探しやすくなります。

3）配置の工夫

　毎日使う道具やおもちゃは、わかりやすく整理して取り出しやすいところに置いてあることが大切です。好きなおもちゃがいつも同じ場所にある安心感は、「昨日楽しかったからまたやろう」といった主体的な遊びへとつながります。安易に置き場所を変えないようにし、置き場所を変えるときには必ず知らせるようにします。

　学校生活の中での靴箱やロッカーなどは、たくさんの中から自分の場所を探すのに時間がかかります。特に苦手な場合は、当初は一番端の一番下など、わかりやすい場所を選ぶのもひとつの方法です。視覚障害特別支援学校での一般的な方法としては、目印をつけていることが多いと思います。触ってわ

かるシールをつける、面の手触りを変える、枠や面を目立つ色に変えるなど、それぞれの子どもにとってわかりやすい目印を工夫することによって、自分で必要な場所を探す、必要な支度をするなどに結びつけていくことが期待できます。

4）触りやすさ・見やすさ

触るものや見るものの高さへの配慮も重要です。盲児であればしっかり両手を使って触りやすいように、弱視児であれば見たいものに目を近づけて見ることがしやすいように、位置や高さを工夫することが大切です。

触るときにものが動くとわかりにくくなるため、ものを固定するようにします。教材などの下に滑り止めのマットを敷くだけでも触りやすさや探しやすさが変わります。また、触るものの向きによって理解のしやすさが変わる場合もあります。人形や動物などの部位などを確認する際は、自分と同じ向きにする、すなわち対面せずに同じほうを見ている状態にするとイメージしやすくなります。

弱視児の場合は、色のコントラストに配慮することで見やすさが変わります。見せたいものが白っぽいものであれば、黒い画用紙や布などを敷くと目立ってわかりやすくなります。また、斜面机や書見台を用いると無理のない姿勢で目を近づけることができます。

③ 保護者への支援

視覚に障害のある乳幼児への発達支援と同時に、保護者への支援も重要になります。保護者は視覚に障害のある子どもを育てるうえでいろいろな思いを抱えています。まずは話を聞き、受けとめ、ともに子どもの成長を願いながら、子どものことを一緒に考えていくといった共感の姿勢が求められます。

（1）求められる支援

保護者が求めている支援はどのようなものか、奈良ら（2018）は、視覚障害特別支援学校（研究実施時は盲学校）における早期教育相談の相談内容と年齢との関連を明らかにしています。0歳で「育児について」及び「心理的

内容」、1歳で「発達について」、2歳で「支援・配慮・情報提供」、3歳で「支援・配慮・情報提供」「視覚について」「医療に関する内容」、4歳で「視覚について」及び「医療に関する内容」、5歳で「盲学校について」及び「就園・就学」、6歳で「就園・就学」との関連が示されています[5]。

　ここでは、奈良らが明らかにした保護者が求める支援内容について詳しくみていきたいと思います。

1）育児について

　「育て方を教えてほしい」「どんな遊びをさせたらよいのか」「どのように食事を自分でできるようにしたらよいのか」など、見えない・見えにくい子どもを育てるうえで疑問に感じることはたくさん出てきます。発達段階を踏まえながら必要な配慮や具体的な方法を伝えることが求められます。視覚障害があることによる育児の独自性とあわせて、決して特別ではなく晴眼の子どもと同じように考えてよい側面についても知らせると、安心されることもあります。

2）心理的内容

　「これから先どのようになっていくのか」「信号がわからないのに一人で歩けるのか不安」など、子どもが小さなうちは見通しが立ちづらくいろいろな悩みや葛藤を話されることもあります。先輩の保護者を紹介したり、同じ立場の保護者同士で話をしてもらったり、上級生の様子を見てもらったりすることで、今後についてのイメージが少しずつ具体的になります。他にも、障害受容、家族関係に関する悩みなど、内容は多岐にわたります。

3）発達について

　「発達は遅れるのか」「発達の状態を評価してほしい」など、発達の状態に関する相談も多くみられます。本章で紹介しているよう視覚に障害のある子どもの発達を規定する2次的な要因は操作可能なものであり、適切なかかわりによって発達を促すことができることを伝えることは非常に重要です。発達検査の結果を伝えるような場合では、視覚障害が発達に及ぼす影響を踏まえて、ていねいに説明する必要があります。発達の遅れについて気にされる場合もありますが、その子自身の成長しているところにも着目できるようにします。視覚障害以外の障害もある場合は、その影響についてもあわせて考

慮する必要があります。

4）支援・配慮・情報提供

「日常生活の中でどのようなことに気をつけたらよいか」「保育所ではどのような配慮をしたらよいか」など、必要な支援・配慮に関する相談は、幼児期段階全体を通して生じています。保護者の了承のもと在籍園と連携し、特別支援学校の教員が訪問して園での様子を参観したり担任の先生と情報交換を行ったりすることもあります。

5）視覚について

「どんなふうに見えているか」「見えにくさをどのように改善したらよいか」など、見え方や視覚発達に関しては、弱視児の保護者であれば誰もが気にすることです。教育的な視機能評価や行動観察などの結果をもとに、具体的な場面を例に挙げながら説明すると、理解してもらいやすくなります。

6）医療に関する内容

「眼の病気について教えてほしい」「まだ小さいのに矯正する必要はあるのか」など、生理・病理に関する内容をたずねられることもあります。一般的なことであればなるべくわかりやすく伝え、医師の判断が必要になることについては、直接医師に聞いてもらうようにします。その疑問について特に詳しい医療機関に関する情報を提供することもあります。

7）視覚障害特別支援学校について

視覚障害特別支援学校で実施している支援や教育内容についての質問や、視覚障害特別支援学校の見学希望などがあります。見学してもらうだけでなく、在籍児童生徒と直接話す機会があると、疑問を解消しお子さんの今後の姿をイメージする助けとなりやすいでしょう。また、視覚障害特別支援学校での支援や教育内容について知ってもらうことは、就園・就学先を検討する際の重要な判断材料にもなります。

8）就園・就学

「就学についてどのように考えたらよいのか」など、就学先の検討に関する内容です。どのような力をつけていきたいか、点字を学ぶためには何が必要になるかなど、教育的ニーズを踏まえたうえで、日本型インクルーシブ教育システム下での、それぞれの学びの場のメリットとデメリットを中立の立

場でお伝えし、保護者が納得できる就学先が決まるような情報提供を行います。

(2) 保護者同士のつながり

　視覚障害は低発生の障害であり、視覚障害のある子ども・保護者が各地域に点在して孤立しがちであること、だからこそ、視覚に障害のある子どもの保護者同士がつながるための機会を積極的に設けることが重要であることは前述のとおりです。

④ 幼稚部・幼稚園等での指導

(1) 特に留意する事項

　特別支援学校幼稚部教育要領の中に、「視覚障害者である幼児に対する教育を行う特別支援学校においては、早期からの教育相談との関連を図り、幼児が聴覚、触覚及び保有する視覚などを十分に活用して周囲の状況を把握できるように配慮することで、安心して活発な活動が展開できるようにすること。また、身の回りの具体的な事物・事象及び動作と言葉とを結び付けて基礎的な概念の形成を図るようにすること。」とあります。このことについて、特別支援学校幼稚部教育要領解説では、具体的に次の9点を挙げています[6]。

　①安全な場で自分から積極的に体を動かし、いろいろな運動の楽しさを知り、活発に活動できるようにすること。

　②手を使っていろいろな物を観察したり、作ったりできるようにすること。

　③日常生活や遊びの中で、教師の支援や言葉掛けを受けながら、身の回りにあるいろいろな事物の状況を知り、興味や関心をもって意欲的に関わることができるようにすること。

　④教師の話や読み聞かせなどで、様々な表現に触れることにより、言葉に関する興味や関心を高めるようにすること。

　⑤教師や友達との関わり方を知り、状況に応じて働き掛けることができるようにすること。

　⑥日常生活や遊びの中で、教師や友達と言葉を交わすことを通して、具体

的なものの名前や用途、「重い、軽い」、「つるつる、ざらざら」など状態の違いを理解し、それらに対応する言葉を用いることができるようにすること。

⑦具体物や図形の特徴を確かめながら、全体をイメージしたり、逆に全体のイメージを基に、部分の状態を確かめたりする観察の方法を身に付けるようにすること。

⑧自分の教室の形や室内の配置を知ったり、日常生活や遊びに使う様々なものの位置関係を把握したりして、室内を安全に移動することができるようにすること。

⑨視覚を活用できる幼児に対しては、保有する視覚を活用して、ものを見る楽しさを味わい、積極的に見ようとする態度を育てること。また、生活の中で、手先の操作を伴う遊具や用具の使用などを通して目と手の協応動作を高めるとともに、豊かな視覚的経験を積むようにすること。

視覚障害特別支援学校の幼稚部では、以上の9点に特に配慮しながら、幼児が主体的に学べるような環境づくりだけでなく、教師の意図的な働きかけによって、視覚に障害のある子どもが系統的な学習の基礎となる経験を積み重ねていきます。

(2) 各領域での留意点

ここでは、幼稚園教育要領に示されている5つの領域に関して、これまでに触れてきた内容も含めて、視覚に障害のある子どもへの指導を行ううえでの留意点を挙げます。これらの領域は相互に関連しており、幼児の生活全体を通じて指導を行います。

1) 健康

運動量は、どうしても不足しがちになります。楽しい気持ちで体を動かしながら、理想としては、晴眼の子どもと同程度の運動量を保障できるように、遊びや環境を工夫する必要があります。空間やその場にいる人のことがわかり、すべてを信頼することができないと、思いきり全力を出しきることはできません。安心できる環境の中で、たくさん体を動かせるようにしたいものです。

衣服の着脱、食事、排泄などの基本的生活習慣については、発達段階に応

じてスモールステップで進めていきます。フォークでさすときはさしやすいものから始める、服の前後を確認するときにはボタンなどの目印を探しやすい決まった位置につけるなど、やりやすくなるような工夫も必要です。手指の発達とも関係しますので、遊びの中で道具を使うことも有効です。

　清潔に関しては、自分で意識しにくいところがありますが、汚れていることを確かめたり、周りからどう見られるかを伝えたりすることは、自らでは確認しにくい分、とても大切です。また、遊びの最中などは、汚れてもよい服や汚れてもよい場所で、汚れを気にせずに活動に集中できるようにします。

　歩行については、大人と手をつないで歩く中でいろいろな経験ができます。散歩の途中でいろいろなものや音と出会い、会話をすることで、外界への興味や知識が広がります。また、一人で歩けることも大きな自信となりますので、壁を伝って歩く、音源に向かって歩く、方向をとって歩く、手を前に出して歩く（防御姿勢）など、基盤となる歩行技術を段階に応じて身につけられるようにします。また、自分が今どこにいて、どの方向を向いているかなど、位置や方向が意識できるように、段階的な指導をしていく必要があります。

2）人間関係

　みんなは何をしているのか、近くに誰がいるのかなど、視覚情報を言葉などで説明する必要があります。特に保育所や幼稚園で統合保育を受けている環境下では、構成遊びやごっこ遊びなど、周りが何をしているのかがわからないと参加しにくい遊びが多く存在します。また、周りの状況がよくわからないことがトラブルの原因になることも少なくありません。そうした場合は、周囲の大人による状況の説明が必要です。友達の表情などは、声が出ていればある程度は想像しやすいのですが、にこにこしている、困った顔をしているなどの視覚的な情報はわからないので、必要に応じて大人が仲介して伝えることが大切になるでしょう。

　誰が誰に向かって話しているかということもわかりにくいものです。いろいろな音や声が飛び交うような状況や広い空間では特にそうです。こういった場面でも、大人の仲介が必要になります。幼児期段階の人間関係の形成には大人のかかわりがとても重要となることを意識して、支援にあたる必要が

あります。

3）環境

　身近なものから日常生活の中ではあまり触ることのないものまで、いろいろ触って確かめることが大切です。季節や時期が限られるもの、めずらしいものなど、機会をとらえて様々なものを直接触れるようにします。弱視児であれば見やすいところでじっくりと見せるようにし、視経験を豊かにすることも大切です。

　数量や図形については、ものの操作のしやすさや触りやすさへの工夫が必要です。例えば、磁石などの動きにくいものを用いる、数えたものとまだ数えていないものを区別しやすいようにトレイなどを用いて分ける、理解しやすい大きさのものを用いる、などです。積木は角を丸くしたものではなく、角がしっかりわかりやすいもののほうが形を認識しやすいです。両手の中に入れたり、なでたり、たどったりすることで、形のイメージが作られていきます。弱視児の場合は、見やすい大きさにする、背景とのコントラストが明確になるようにする、といった配慮が必要です。

　幼稚園教育要領では第2章ねらい及び内容「環境」の内容として、「（10）日常生活の中で簡単な標識や文字などに関心をもつ」という項目があります。幼児が文字を道具として使いこなすことを目的にするのではなく、人が人に何かを伝える、あるいは人と人とがつながり合うために文字が存在していることを自然に感じとれるように環境を工夫することが重要とされています[7]。視覚に障害のある子どもの場合、支援のない環境の中で晴眼の子どもと同じように「自然と感じ取る」ことは難しいことが多く、感じ取れるような環境を意図的に作る必要があります。

　文字への興味関心が高い場合、文字を学ぶ前提となる知識や経験が整っているか見極めたうえで指導を行う場合もあります。点字を学習する場合、ことばの理解の他、空間概念や数概念、触運動の統制などが備わっていることで、その後の学習をスムーズに進めることができます。点字の触り方として、指の腹でたどること、押しつけないで軽い触圧でたどること、横方向へスムーズにたどることができることが求められます。そのため、「たたく」「にぎる」「つかむ」「つまむ」「押す」「ひっぱる」など、いろいろな手の使い方

を経験しておくことは、点字の学習へもつながっていきます。

4）言葉

　視覚に障害のある子どもの場合は特に、言語の基となる概念形成を図ることの困難さがあります。言葉を発していても、その意味はよくわかっていないなど、ともすると言葉だけになりがちです。言葉を知っていて使えているように見えても裏づけとなる体験がなかったり、実はわからないで使っていたりすることがあります。だからこそ、身の回りの具体的な事物・事象及び動作と言葉とを結びつけて、基礎的な概念の形成を図るようにすることが求められています。

　具体的な事物・事象及び動作と言葉とを結びつけるうえで重要なポイントは、正しい概念形成のためには触って理解することが不可欠であり、触って得られたイメージと言葉とを結びつけていきます。ものにただ触れただけでは正しい概念形成につながりません。触り方がとても重要となり、さらに触ってわかったことを自分の言葉で表現することが大切です。

　触覚で一度に得られる情報は部分的です。より多くの情報を入手して効率的に全体像をとらえるために、両手を使って触ること、手を動かして全体を触ることが大切です。全体と部分を行き来しながら、触覚で得られた情報を頭の中でつなぎあわせてイメージをつくっていきます。

　加えて、人に手をとって触らせてもらうのではなく、自分で能動的に触ることも大切です。触り方の補助をするときは、視覚に障害のある子どもの後方から動きを補助するようにし、なるべく自分で手を動かせるように促します。さらに、苦手な感触のものや、恐怖心がある場合は、無理に触らせないようにします。言葉で状況を説明しながら楽しい雰囲気を作ったり、大人が触っている手の上に子どもの手を載せて、大人の手の動きを感じ取らせたりして、「何だろう」「おもしろそうだな」と感じれば、そのうち自分から触り、情報を取り入れることができるようになります。

　動作と言葉を結びつける際には、実際に体を動かす体験が大切です。例えば「手を振る」にしても、「さようなら」と「おいでおいで」では手の振り方が違います。一見それなりにわかっているように見えても、手の動かし方が違うことを知らないかもしれません。「さようなら」のときは手のひらを

相手に向けて左右に振ること、「おいでおいで」のときは手のひらを下に向けて上下に振ることを、手取り足取りていねいに伝える必要があります。動作を繰り返し行う中で動きと言葉を結びつけ、言葉だけで動きを再現できるようになることが大切です。

　絵本の読み聞かせなども、言葉のイメージを広げるうえでとても大切です。盲児の場合は、触って楽しめる絵本もあります。弱視児の場合は、見やすい距離で見られるようにします。

5）表現

　自分が経験したこと、見たり触ったりして気づいたこと、考えたことなど、言葉で表現することはとても大切です。伝える喜びや楽しさを味わい、表現することによって、様々なことが身についていきます。

　視覚に障害のある子どもであっても当然、言葉以外の表現活動も大切です。絵による表現活動ついては、線や点などを描くときの動き、感触、音などを工夫し、表現する過程が楽しめるようにします。描いた結果を触って確認することができるように、紙の下に片段ボール紙などを敷く、レーズライターを用いるなど、触ってわかる道具を工夫することもできます。色を識別できない場合も、何がどんな色なのかといった知識を積み上げる中で、色に対する興味関心も涵養していくことに結びつきます。

⑤ 小学校等への接続

　障害のある子どもが十分に教育を受けられるために、国・都道府県・市町村は「基礎的環境整備」として、それぞれ教育環境を整備しています。特別支援学校・特別支援学級等の設置、教員の採用等は、この基礎的環境整備に該当します。さらに、学校設置者（都道府県・市町村）と学校は個々の幼児児童生徒の状況に合わせて「合理的配慮」を提供しなくてはなりません。見え方に応じた教材の提供や指導法などは、この合理的配慮にあたります。

　小学校等への接続にあたっては、個人情報の取り扱いに十分に留意したうえで、相談や指導の引き継ぎをていねいに行い、実態、教育的ニーズ、配慮事項等について十分に情報共有することが大切です。地域の小学校へ入学す

る場合には、合理的配慮にあたる、入学後の視覚障害に関わる教育内容の指導体制の検討や、さらに教室環境等の検討も大切です。具体的に、弱視児であれば、文字の読み書き、弱視レンズ等の視覚補助具の活用、教室内の座席位置など、小学校での学習がスムーズに進められるように見通しをもって接続を行う必要があります。また、点字を使用する児童が小学校に入学する場合は、点字指導や歩行指導、安全面の管理など、より詳細に準備が必要になってきます。

＊　　＊

　日本型インクルーシブ教育システムが発展するなか、視覚に障害のある子どもが小学校で活き活きと学ぶための条件を今後詳細に検討していくことは、小学校等への接続を考えるうえで重要な観点ではないでしょうか。

引用・参考文献 ─────────────────────────

1) 佐藤親雄・五十嵐信敬（1973）「盲児の発達について（1）──失明年齢および眼疾との関連において」、『視覚障害児教育研究』No.6、73–84 頁。
2) 五十嵐信敬（1993）『視覚障害乳幼児の発達と指導』コレール社。
3) 青柳まゆみ（2020）「盲児の指導」、青柳まゆみ・鳥山由子編『新・視覚障害教育入門』ジアース教育新社、38–47 頁。
4) 香川邦生（2016）「第 6 章　自立活動の基本と指導」、香川邦生編著『五訂版　視覚障害教育に携わる方のために』慶應義塾大学出版会。
5) 奈良里紗・相羽大輔・小林秀之（2018）「盲学校の早期教育相談における相談内容と年齢との関連──2005 ～ 2009 年度に実施された初回教育相談の記録から」、『日本ロービジョン学会誌』17 号、55–63 頁。
6) 文部科学省（2018）『特別支援学校幼稚部教育要領（平成 29 年 4 月告示）』海文堂出版。
7) 文部科学省（2018）『幼稚園教育要領解説　平成 30 年 3 月』フレーベル館。
・猪平眞理（2016）「第 8 章　乳幼児期における支援」、香川邦生編著『五訂版　視覚障害教育に携わる方のために』慶應義塾大学出版会、224–259 頁。
・猪平眞理（2018）『視覚に障害のある乳幼児の育ちを支える』慶應義塾大学出版会。

（森まゆ）

第10章

視覚障害に係わる職業と福祉制度

　わが国の障害者施策は、「障害者基本法」に示された理念に基づき進められることになっています。同法によれば、すべての国民が障害の有無によって分け隔てられることなく、相互に人格と個性を尊重し合いながら共生する社会を実現するため、障害者の自立及び社会参加の支援を進めていくことが示されています（同法第1条）。障害者の自立と社会参加を実現するためには、障害のある人が社会の一員として職業に就くことが重要な要素となっています。また地域で自立した生活を送るため様々な障害福祉サービス（社会資源）が障害のある人を支えています。

　本章では、はじめに視覚障害者に対する職業を中心とする支援の歩みについて取り上げます。視覚障害者の職業的な自立に向けた支援は、他の障害種と比較してもその歴史は古く、伝統的な職業である理療業（あん摩・鍼・灸の施術者）に就くための支援が行われてきました。ここでは視覚障害者の就労の現状と就労支援に向けた支援についても説明します。次に、特別支援学校（視覚障害）におけるキャリア教育について取り上げます。ここでは職業教育の概要と卒業後の進路状況について説明します。最後に、視覚障害者に対する障害福祉サービスを取り上げます。近年、わが国の障害福祉制度は国連の「障害者権利条約」批准に伴って法整備が進みました。ここでは障害者総合支援法による障害福祉サービスの概要と視覚障害者を対象とする福祉制度について説明します。

1 視覚障害者の職業自立と支援のあゆみ

(1) 伝統的な職業と職業教育の歴史

　江戸時代の視覚障害者は、あん摩・鍼・灸にみられる民間医療業、琵琶・三味線・琴といった音楽に関する職業で生計を立てていました。これらは視覚障害者の同業者団体によって運営されており、徒弟的な教育が視覚障害者の職業自立を支えていました。視覚障害者が職業として理療を始めたのは16世紀とされ、17世紀には杉山和一が鍼治講習所を開設し、視覚障害者の職業自立に向けた支援が開始されています。その後多くの視覚障害者が理療業によって職業自立を果たしています[1]。このように近世にかけての視覚障害者の生活は、職業団体を中心とした「当道座」による結びつきに依存したものとなっていました[2]。

　1871（明治4）年、明治政府によって『救貧規則』が出されると上記の職業団体を解散させる命令が出されたため、理療業は壊滅の危機に瀕します。この時期、職を失った多くの視覚障害者は極めて厳しい生活状況におかれました。その後理療師の養成が再開されるのは1880（明治13）年を待たなければならなかったのです。同時期、京都府立盲唖院と東京の楽善会訓盲院では、理療、邦楽に関する職業教育が開始されました[3]。

　1885（明治18）年には陸軍軍医の橋本綱常が欧米の医療機関を訪問し、マッサージ技術、治療設備に関する情報を紹介しています。橋本の報告を受けた陸軍軍医監長の長瀬時衡が1888（明治21）年、東京に仁寿病院を設立し、マッサージを応用した治療方法を導入しています。長瀬は従来から日本で行われていた慰安を目的とする手技を「日本アンマ」、治療を目的とした「西洋アンマ」をマッサージと呼び、両者を区別しました。現在一般的となっているマッサージの呼称は、長瀬の命名によるものとされています。

　日本初の視覚障害者に対する公的な支援事業は1906〜10（明治39〜43）年に実施されています。この事業は日露戦争で失明した軍人への「保護救済慰安教育」として東京盲唖学校長が主催し、同校生徒による失明軍人（入院先）への慰問が行われています。支援の内容は、①東京渋谷の予備病院で下

士官以下 16 名を対象に講習会を 2 年間開催し、鍼治マッサージと点字を指導。②講習会は地方に普及し、群馬県において同様の講習会を開催。③事業では点字盤を失明軍人に寄贈し、居住地域の盲学校で指導を受けられるようにしています[1]。

明治 30 年代（1897 〜 1906 年）には健常者の理療業進出が顕著となり、視覚障害者の職場が脅かされる状況がみられました。これに対し視覚障害者団体が中心となり、視覚障害者の生業である理療業を守るための運動が展開されています。この運動の成果は，1911（明治 44）年に交付された「按摩術営業取締規則」、「鍼術灸術営業取締規則」に反映されています[4]。当時視覚障害者の理療以外の職域開拓については、全国盲唖学校教員会等で活発な議論がなされ、盲人に適した職業としてブラシ職、靴工、商業、印刷工、タイプライター等が検討されましたが職業教育としては確立しませんでした[3]。

当時東京盲唖学校長であった小西信八氏らは、欧米の盲聾教育事情を視察しています。その結果を受け、1908（明治 41）年には聾教育を分離した東京盲学校が建設されました。この時期には盲学校において理療教育が全国的に展開される条件が整い、中途視覚障害者の職業的な自立は盲学校の理療教育が支えることとなり、この教育システムが今日に続いています。

(2) 視覚障害者の福祉支援と盲学校における職業教育の歩み

第二次大戦後、連合国軍総司令部は理療業の中核をなす「はり」や「きゅう」による施術を原始的な民間療法とみなし、理療業の全面禁止を打ち出しました。これに対し視覚障害教育関係者や視覚障害者団体は強力な反対運動を展開し、連合国軍総司令部に命令を撤回させています[5]。

1947（昭和 22）年に制定された学校教育法に基づき、その翌年現行の盲学校制度が確立されました。同年、日本で初の視覚障害者のリハビリテーション施設である国立光明寮（現国立視力障害センター）が開設され、視覚障害者の職業的自立を支援する公的な環境が整備されたのです。さらに同年ヘレン・ケラーが 2 度目の来日を果たしたことが日本盲人福祉連合の結成、盲学校の義務化や身体障害者福祉法の制定（1949 年）を促す契機となっています[6]。

1950 年代以降は視覚障害者の福祉に関する施策の拡充が進んでいます。

1957（昭和32）年に点字図書館に対する国の助成事業が開始され、1959（昭和34年）には国民年金法制定に伴う障害福祉年金（後の障害基礎年金）支給が開始されています。1967（昭和42）年には家庭奉仕員（後のホームヘルパー）事業とガイドヘルパー派遣事業が各地の自治体で開始され、1974（昭和49）年には盲人用テープレコーダーや盲人用時計が日常生活用具給付制度に加えられました。さらにその翌年には障害福祉手当の支給が開始されています。

　岩橋武夫は、視覚障害者を対象とするリハビリテーション事業の発展に大きな役割を果たしました。身体障害者福祉法の制定に尽力しただけでなく、第3回世界盲人福祉協議会（1964年）への出席を契機に、視覚障害者福祉の向上にはリハビリテーションの導入が不可欠であることを提唱しています[7]。当時のリハビリテーション概念は、肢体障害者の機能回復を目的に実施するものというとらえ方が強く、視機能を喪失した視覚障害者にリハビリテーションは必要ない、という意見が主流を占めていたのです。これに対し岩橋は、視機能回復の見込みのない人々にもリハビリテーションは有効であるとし、視機能を補償していくための生活訓練、諸技能の習得、職業的自立を提唱しています[8]。また、1965（昭和60）年には「日本ライトハウス」を創設し、日本で初めて視覚障害リハビリテーション事業に取り組みました。日本ライトハウスは、現在も視覚障害者の支援について日本で先駆的な活動を展開しています。

　岩橋の問題提起は、伝統的な支援方法である「盲学校等での理療教育を経て、理療師として職業自立をはかる」という支援方法を間接的に批判するものとなり、視覚障害者団体や視覚障害教育機関に再考を求める契機となっています。さらに岩橋は1965年に日本ライトハウス内に職業・生活訓練センターを発足させ、日本初の視覚障害者を対象とする本格的なリハビリテーション事業を開始し、今日の視覚障害リハビリテーションの基礎を築いています。

　1973（昭和48）年、理療教育の充実を目的に全国盲学校の理療関係学科が再編成されています。この再編によってすべての理療関連学科は3年課程となり、盲学校高等部においては、普通科（普通教育課程）と理療科（職業教育課程）が明確に区別されることになったのです。またこの時期から、理療科

に入学する生徒に占める中途視覚障害者の割合が増えはじめています。日本理療科教員連盟の調査によると2020（令和2）年度に全国の視覚特別支援学校（盲学校）高等部の理療科、保健理療科に在籍する585人の中で20歳代から50歳代以上の成人生徒は518人（88.5％）を占めています。このように、現状では理療関係学科の主な対象は、病気や事故で受障した中途視覚障害者となっています[9]。

② 視覚障害者の職業と就労支援

（1）視覚障害者の雇用の促進と法整備

　特別支援学校（視覚障害）卒業後の就職先は大きく2つに分けることができます。ひとつは授産施設や作業所で訓練等を受けながら仕事に従事する福祉的就労、もうひとつは企業や官公庁へ就職する一般就労です。障害者にとって自らの能力や意欲に応じて仕事を得ていくことは、住み慣れた地域で社会の一員として自立した生活を送るうえできわめて重要です。

　近年、福祉的就労にとどまらず、「就労移行支援」や「就労継続支援」を経て一般就労への移行を希望する障害者が増えています。2016（平成28）年に「障害者総合支援法と児童福祉法の一部を改正する法律案」が国会で可決成立しました。この法律改正は、障害者が自ら望む地域で暮らせるように、生活と仕事（就労）に対する支援の充実を図り、サービスの質の確保と向上を図るための環境整備を行うものです。この法改正によって、一般企業などで働くこと（一般就労）を支援する新しいサービス（就労定着支援）が始まりました。このサービスは、一般企業などで働くことに伴う生活面での課題に対応できるよう、障害者との相談を通じて本人が抱える課題を把握し、就労先の企業や関係機関との連絡調整、課題解決に向けて必要な支援を行うものです[10]。

　障害者の就労意欲は高まりをみせているものの、実際に雇用される障害者数の増加は緩やかなものとなっています。国は、障害者を雇用する事業者側にインセンティブをもたらす方策を打ち出しています。「障害者の雇用の促進等に関する法律」（2008年）では、企業等の事業主は社会連帯の理念に基

づき、障害者に対する適当な雇用の場を与える共同の責務を有するとともに、進んで障害者雇用に努めなければならないことが示されました。

また同法では、「障害者雇用率制度」を設けています。この制度では一定の割合以上、障害者を雇用するための基準である法定雇用率を達成していない企業から納付金を徴収することになっています。またこれを財源として障害者を多く雇用する企業に対し、調整金（障害者を雇用することによる経済的負担の調整と雇用の継続を図る目的）や助成金（障害者が働くために必要な施設、設備の整備に充当）を支給しています（同法第49条）。なお企業の障害者雇用率は年々増加する傾向にありますが、法定雇用率は未だ達成されていません。厚生労働省によると民間企業の法定雇用率は2.3％となっていますが、2021（令和3）年の集計では法定雇用率を達成した企業は47.0％にとどまり、前年比でみても1.6ポイントの低下となっています[11]。

（2）視覚障害者と理療業界の変遷

1947（昭和22）年に定められた「あん摩マッサージ指圧師、はり師、きゅう師等に関する法律」（以下、あはき法）には、あん摩マッサージ指圧に従事する視覚障害者の生計を保護する政策が盛り込まれており、健常者による理療業界への参入を規制してきたのです（同法第19条）。また法の定めはありませんが、はり師、きゅう師においてもあん摩マッサージ指圧師と同様の参入規制が行われてきました。これは江戸期から視覚障害者が理療を通じて安定的に就労してきたことを念頭に置いた国の保護政策であると理解することができます。

1960年代には理療業界の半数以上を占めていた視覚障害者の割合が、1979（昭和34）年に健常者と逆転しました。その後も理療業に従事する健常者は増加し続けています。2000（平成12）年に福岡地裁は、健常者向け（柔道整復師）養成施設の設置を認める判決を下しました。これを受け厚生労働省は、あはき法19条で定められた「あん摩マッサージ指圧師」以外の資格取得を目的とする養成施設の規制緩和に踏み切りました。それ以降、柔道整復師の養成施設や法の定めがない鍼灸専門学校の参入が続いています。養成施設の増加は、理療業界に人員過剰をもたらすとともに、自営業者の経営悪

化が深刻化しています。健常者の鍼灸師等が急増したことによって、もはや理療業は視覚障害者にとって守られた職場ではなくなってきているのが現状です。

　表10−1にあるように、2016年の一般（障害者を除く就業者）の就業率が58.1％に達しているのに対し、視覚障害者を含む身体障害者の就業率は31.4％と、きわめて低い水準になっているのが現状です。また、視覚障害者の就業状況の特徴としては、自営業主の占める割合の高さが挙げられます。2006年度の視覚に障害がある就業者6.6万人のうち自営業者は2.9万人（43.2％）を占めています。これは他の障害種と比べてもきわめて高い割合となっています[12]。

　障害者職業総合センターが視覚障害者の教育機関に在籍する470人を対象に、今後就きたい職業を調査した結果、第1希望で最も多くを占めたのが「あはき業（あんま、鍼、灸）として治療院や病院に勤務」（39.1％）、次に「あはき業として自営業」（12.8％）、「あはき資格を生かした職種」（11.5％）、事務系職種（6.4％）と続いています[13]。多くの視覚障害者が希望するあん摩マッサージ指圧師、はり師、きゅう師ですが、表10−2にあるように就業者数の推移は興味深い傾向を示しています。あん摩マッサージ指圧師、はり師、

表10−1　就業率の推移　　　　　（％）

	2001年	2006年	2011年	2016年
一　般	58.9	57.9	56.5	58.1
身体障害者	22.7	20.4	30.6	31.4
視覚障害者	23.9	21.4	—	—

出典：文献12)「図表1−10　就業率と自営業主率」（13頁）から一部抜粋。

表10−2　あん摩マッサージ指圧師、はり師、きゅう師の就業者数に占める
　　　　視覚障害者数の推移　　　　　（人）

	2008年	2012年	2016年
目が見える者	218,653　（80.2％）	255,530　（83.6％）	289,929　（83.7％）
目が見えない者	54,097　（19.8％）	54,778　（17.4％）	58,406　（16.3％）
総就業者数	272,750（100.0％）	309,308（100.0％）	346,335（100.0％）

出典：文献12)「図表1−13「あん摩マッサージ指圧師、はり師、きゅう師の従業者数の年次推移」（15頁）から一部抜粋。

きゅう師の就業者総数は、年々増加する傾向を示しています。その割合をみると視覚に障害がないものの占める割合が80％を超えています。1970年代までは視覚障害者が半数以上を占めていたことを考えると、その急激な変化に着目する必要があります[14]。

（3）視覚障害者の職域拡大をめぐる動向

　独立行政法人高齢・障害・求職者雇用支援機構の2018年の調査によると、全国のハローワークの職業紹介を受けて雇い入れた262事業所に在籍する視覚障害者376人の職業は、①あん摩マッサージ指圧師（32.4％）が最も多く、②ビル・建物清掃員（7.3％）、総合事務員（6.3％）、工場労務作業員（4.0％）、施設介護員（3.3％）となっています。特別支援学校（視覚障害）や国立視力障害センターでの職業教育を経て、理療業に就いている①に加え、障害者就業・生活支援センター、職業能力開発校、地域障害者職業センター、ハローワークの連携によって支援を受けた②が増加傾向にあります[15]。

　就職先で視覚障害者が雇用主に申し出た配慮事項には、①勤務時間等に関し通院や体調に配慮してほしい（19.2％）、②他の従業員に障害の内容や必要な配慮について説明してほしい（11.3％）、③職場内の机の配置や危険個所を事前に確認させてほしい（10.7％）、④支援ソフト等により業務が遂行できるようにしてほしい（10.7％）などが挙げられています。職場内での障害理解の促進、障害特性に配慮した合理的配慮、就労継続に向けた支援等が課題となっています[16]。

　視覚障害者の就労は職域の拡大傾向がみられるものの、代表的な職種であるあん摩マッサージ指圧師の平均賃金が極めて低い水準にあります。重度視覚障害者の雇用については厳しい状況におかれたままとなっています。視覚障害者の特性を生かした新たな職域としては、①サイバーセキュリティ系のシステムエンジニア、②ナレーションによる音声の商品化、③ブラインドライターと呼ばれるテープ起こし、などがあります。2018年には公務員の障害者雇用水増し問題が表面化し、国の各省庁や地方自治体は積極的に障害者雇用を進めました。その結果、ここ数年の障害者雇用は一定程度改善されています。特筆すべき就職先としては、国家公務員の健康管理を目的としたヘ

ルスキーパー（あん摩マッサージ指圧師）の中央省庁での雇用、視覚障害ユーザーへの対応を目的とした国立国会図書館での雇用等が挙げられます。

③ 特別支援学校（視覚障害）におけるキャリア教育

（1）学習指導要領におけるキャリア教育の位置づけ

　特別支援学校小学部・中学部学習指導要領（2017年告示）においてキャリア教育は、「学ぶことと自己の将来とのつながりを見通しながら社会的・職業的自立に向けて必要な基盤となる資質・能力を身につけていく」ことが目標とされています。ここではキャリア教育が就労に向けたスキルを身につけるだけではなく、卒業後の自立した地域生活を支えるものとして職業をとらえている点に着目する必要があります。さらに基盤となる資質・能力については、キャリア教育を含めた教育活動全体を通じて育成していくという視点が教職員に求められています[17]。

　特別支援学校高等部学習指導要領（2019年告示）において、キャリア教育は、①「生徒の障害の状態や特性及び心身の発達の段階等、学校や地域の実態等を考慮」し、②「地域及び産業界や労働等の業務を行う関係機関との連携を図り」、③「産業現場等における長期間の実習を取り入れるなどの就業体験活動の機会を積極的に設けるとともに」、④「地域や産業界や労働等の業務を行う関係機関の人々の協力を積極的に得る」ことが示されています[18]。

　高等部に在籍する生徒の半数以上は、中途視覚障害者で構成されています。前出の①にあるように、生徒の障害の実態は多様であり、個に応じたキャリア教育が求められています。一例を挙げると、失明直後の生徒に対する教育支援は、心理面の安定や視覚障害リハビリテーションが優先すべき支援内容になります。そのうえで生徒の年齢や経済状況を配慮したキャリア支援が求められています。現状では地域の各種社会資源が連携することで視覚障害者の地域生活を支えています。また②にあるように、生徒が生活する地域の社会資源に円滑に移行するための支援が特別支援学校に求められています。視覚障害生徒のキャリア支援は就職先の確保に限定されません。むしろ就職後の職場への定着に向けた支援が重要な課題となっています。さらに③や④に

あるように、ジョブコーチの活用や長期間の実習による職場適応に向けた支援を進める必要があります。また就職先の上司や同僚による障害理解といった日常的な支援も就労を継続させるうえで重要です[19]。

(2) 特別支援学校（視覚障害）高等部におけるキャリア教育の実際

　特別支援学校（視覚障害）高等部は本科と専攻科に分かれています。本科は中学校卒業後の3年間を学ぶ課程、専攻科は高等学校卒業後の3年間を学ぶ課程となっています。職業に関する学科として本科には、保健理療科、音楽科などがあり、専攻科には理療科、理学療法科、柔道整復科、情報処理科などがあります。ここではそれぞれの学科の概要について説明します。

　1881年に開始された理療教育は、視覚障害者の伝統的職業とされるあん摩マッサージ指圧師、はり師、きゅう師を養成するもので、特別支援学校（視覚障害）におけるキャリア教育の中心的役割を果たしています。本科に設置される保健理療科では、高等学校の卒業資格と同時にあん摩マッサージ指圧師の資格を得ることができます。これに対し専攻科理療科では、あん摩マッサージ指圧師に加えてはり師、きゅう師の資格を得ることができます。なお専攻科には保健理療科を設置している学校があります。

　卒業後、理療業に従事するためには関連する資格を取得する必要があります。これらの資格を取得するための試験や免許制度については、「あん摩マッサージ指圧師、はり師、きゅう師に関する法律」に定められています。またこの法律を受けて、厚生労働省によって「あん摩マッサージ指圧師、はり師、きゅう師にかかる学校養成施設認定規則」が規定され、特別支援学校（視覚障害）における教育内容については特別支援学校高等部学習指導要領にその詳細が示されています。

　理療以外の職業学科としては、音楽科、情報処理科、生活技能科などがあります。なかでも音楽科の歴史は古く、現状では卒業後に音楽大学や芸術大学に進学する生徒が多数を占めています。また近年は、視覚障害と知的障害等を併せ有する生徒の増加傾向が顕著となっています。こうした生徒の卒業後の進路に対応するため生活技能科が設置されています。生活技能科では卒業後の自立生活に向けた支援に重点を置くとともに、一般就労や福祉的就労

を想定した作業学習が教育課程に位置づけられています。

（3）卒業後の進路状況

　日本理療科教員連盟の調査によると、表10-3にあるように、2019年に全国の特別支援学校（視覚障害）高等部を卒業した生徒286人中、136人（47.6％）が理療関係に就職し、31人（10.8％）が進学、119人（41.6％）がその他となっています。表10-4をみると理療関係に就職した生徒136人の内訳は、ヘルスキーパーが42人（30.9％）、施術所が29人（21.3％）、老人施設が28人（20.6％）、開業が16人（11.8％）、訪問リハビリが15人（11.0％）、病院と医院・診療所が6人（4.4％）となっています[20]。

　近年、ヘルスキーパーの職に就く視覚障害者が増えています。ヘルスキーパーは、企業内理療師とも呼ばれ、あん摩マッサージ指圧等の理療資格を有するものが企業や役所に雇用されています。ヘルスキーパーは従業員にあん

表10-3　視覚特別支援学校（盲学校）卒業生の進路状況（2018年度）　　（人）

進　路	男	女	合　計
理療関係	93	43	136　（47.6％）
進　学	21	10	31　（10.8％）
その他	83	36	119　（41.6％）
合　計	197	89	286（100.0％）

出典：文献20）「卒業生の進路状況」（6頁）から一部抜粋。

表10-4　理療関係への就職状況（2018年度）　　（人）

進　路	男	女	合　計
ヘルスキーパー	26	16	42　（30.9％）
施術所	23	6	29　（21.3％）
老人施設	14	14	28　（20.6％）
開　業	15	1	16　（11.8％）
訪問リハビリ	11	4	15　（11.0％）
医院・診療所	3	2	5　（3.7％）
病　院	1	0	1　（0.7％）
合　計	93	43	136（100.0％）

出典：文献20）「理療関係への進路状況」（8-9頁）から一部抜粋。

摩マッサージ指圧を行うだけでなく、従業員の健康管理、健康指導、健康への助言を行い、従業員の健康増進をはかる役割を担っています。ヘルスキーパーは移動や情報収集に困難を抱える視覚障害者にとって理想的な職場となっており、雇用の拡大が期待されています。従来、最も多くを占めていた施術所への就職は減少傾向にあります。一方で老人施設や訪問リハビリへの就職は増加傾向にあります。その背景には高齢化社会の進行と介護保険制度の充実等があります。

同調査によると、就職していない生徒119人の内訳は、就職活動中が46人（38.7％）、理療資格の取得を目指し受験準備中が31人（26.1％）、開業準備が9人（7.6％）、一般就労が7人（5.9％）、病気療養が3人（2.5％）、その他が17人（14.3％）となっています。

進学した生徒31人の内訳は、教員養成施設が11人（35.5％）、保健理療科から理療科が8人（25.8％）、研修科が8人（25.8％）、大学・短大が4人（12.9％）となっています。教員養成施設とは特別支援学校（視覚障害）の理療科教員を養成する課程で、筑波大学に学内共同教育研究施設のひとつとして設置されています。理療科への進学とは、高等部本科等であん摩マッサージ指圧師資格を取得したものが新たにはり師、きゅう師の資格を取得するための進学を意味します。研修科とはあん摩マッサージ指圧師、はり師、きゅう師の免許を有する視覚障害者が、理療に関する知識と技術の向上を目指して学ぶための学科となっており、筑波大学附属視覚特別支援学校に設置されています[20]。

④ 視覚障害者に対する福祉サービス

眼疾患や事故で受障すると認定医による確定診断を経て、身体障害者更生相談所で身体障害者手帳交付に関する判定が行われます。身体障害者として認定されると各種福祉サービスが提供されます。サービス提供の根拠となる制度には、障害者総合支援法による障害福祉サービスと介護保険制度があります。原則として65歳以上で「要介護」「要支援」と認定された場合、または40歳以上65歳未満で介護保険の特定疾患に該当する場合は、介護保険が

優先されることになっています。これまで障害福祉サービスを利用する際、原則として身体障害者手帳の取得が必要とされていましたが、2013年以降は指定難病患者も対象となりました。視覚障害に関連する疾患では網膜色素変性症が指定され、身体障害者手帳を有しない場合も障害福祉サービスの利用が可能となっています。主な障害福祉サービスについて、以下に述べていきます。

(1) 居宅で訪問や通所により利用可能なサービス

障害者総合支援法では居宅介護、同行援護等、介護保険では訪問介護等があります。このうち居宅介護には入浴・食事・排泄等の身体介護や、調理・洗濯・掃除等の家事援助等があります。視覚障害者の場合は、買い物や調理、掃除等、見えない（または見えにくい）ためにできなくなった部分を補う家事援助が特徴的です。居宅介護、同行援護は移動に著しい困難を有する場合、移動に必要な情報提供、移動の援護等の外出支援を行うもので、単に移動を支援するのではなく、情報の提供が重要となります。

通所利用できるサービスとしては、自立訓練や就労移行支援、介護保険では通所介護や通所リハビリテーション等があります。このうち自立訓練は、視覚障害者個々の特性を配慮し、自立した日常生活や社会生活を営むための技術や知識など、総合的な訓練を意味するものです。その他に就労移行支援があります[21]。

(2) 入所施設を利用するサービス

障害者総合支援法では自立訓練、就労移行支援等の日中活動に組み合わせ、障害者支援施設での施設入所支援が利用可能となっています。なお施設入所支援は障害が一定以上に重度であること、日中活動の利用に際し、通所による利用が困難な場合に限られています。

(3) 補装具費の支給

障害者総合支援法では身体機能を補完または代替し、長期間にわたり継続して使用される補装具として盲人安全杖（白杖）や遮光眼鏡等が定められて

177

います。これらの購入に係る費用が支給されるのですが、所得等に応じた利用者負担が必要となっています。

（4）地域生活支援事業

　この事業は市町村によって対象者、利用料等に違いがあります。その他に盲導犬の貸与、医療費の減免、障害基礎年金及び障害厚生年金の受給、所得税等の障害者控除、自動車取得税の減免、NHK放送受信料の減免、旅客運賃の割引、タクシー利用料金の割引、有料道路通行料金の割引等があります[22]。

（5）福祉サービスの課題

　以上のように視覚障害者に対する福祉サービスは、多様なニーズに対応するため質量ともに充実してきているものの、いくつかの課題があります。

①全障害者に占める視覚障害者の絶対数が少ないことから、視覚障害者を対象とする社会資源が不足していること。

②福祉サービスを受ける際に必要な障害者手帳の認定基準は、視力中心から視野への配慮がなされるようになり、一部の眼疾患者には利用しやすい環境が整ってきました。その反面、中心視野に欠損がある黄斑変性や緑内障患者は、周辺視野で見えにくさを補うため比較的高い視力が測定されてしまいます。このため見えづらさを抱えながらも障害認定では軽度とされ、サービス受給が困難となっています。また障害年金の認定時も同様の問題が起きています。

③日常生活用具の選定では、視覚障害者のニーズが適切に反映されていないのが現状です。視覚障害者の情報環境はパソコンの普及によって著しく向上し、パソコンの活用はコミュニケーション力を向上させるとともに職域拡大にも貢献するものです。ところが多くの自治体は、ソフトウェアを受給対象としていますが、パソコン本体を対象としていないのです。さらに一生に1台しか給付を認めない自治体があるなど、視覚障害者にとって社会参加の障壁となっています。

④眼球使用困難症は、激しい羞明（健康な人がまぶしいと感じない光をまぶし

いと感じる状態）によって眼を開けることができない疾患のため日常生活に深刻な影響があります。ところが視機能自体は保たれているため制度上は障害者手帳の交付、障害年金の受給、視覚リハビリテーションが受けられない状況にあり、早急な法整備が求められています[23) 24)]。

＊　　　＊

視覚障害者は江戸時代からすでにあん摩・鍼・灸にみられる民間医療業で生計を立てていました。視覚障害者は同業者団体を組織し、徒弟的な教育で職業的自立を支えてきました。明治期に入ると、視覚障害者に対する公的な支援として理療教育によるアプローチが実施され、今日の特別支援学校（視覚障害）を中心とする職業教育に至っています。このように、わが国の視覚障害者支援は、理療業での職業的自立を目標に取り組まれてきたことに特徴があります。他の職種を希望する者もいましたが就労に結びつくケースは限られており、現状でもこの問題は解決していません。さらに近年では理療業界への健常者の急激な進出が視覚障害者の職場を脅かす状況にあり、今後は職域のさらなる拡大が課題となっています。

　視覚障害者に対する福祉サービスを整理すると、①在宅の障害者を対象とするサービス、②入所施設を利用するサービス、③補装具費の支給、④地域生活支援事業、に分けることができます。福祉サービスは、その質、量ともに充実してきてはいますが、視覚障害者の絶対数が他の障害種に比べ少ないため、視覚障害者を対象とするサービス資源が不足している現状があります。

引用・参考文献 ─────────────

1）鈴木力二（1985）『図説　盲教育事典』日本図書センター。
2）大隅三好（1998）『盲人の生活』雄山閣出版。
3）香川邦生（2016）「視覚障害教育のあゆみ」、『五訂版　視覚障害教育に携わる方のために』慶應義塾大学出版会、18–53頁。
4）文部省（1978）『特殊教育百年史』東洋館出版。
5）「視覚障害教育百年のあゆみ」編集委員会（1976）『視覚障害教育百年のあゆみ』東京教育大学雑司ヶ谷分校。
6）日本ライトハウス21世紀研究会（2002）『わが国の障害者福祉とヘレンケラー──自立と社会参加を目指した歩みと展望』教育出版。

7）岩橋英行（1966）『第三回世界盲人福祉協議会報告書』日本ライトハウス。

8）関宏之（1982）『視覚障害者と社会参加——リハビリテーションの現場から』相川書房。

9）日本理療科教育連盟（2021）「令和3年度盲学校実態調査全国集計」。

10）瀬沼健司ほか（2017）「一般企業など働くことを支援する新しいサービス」、『障害者総合支援法のすべて』ナツメ社、16–17頁。

11）厚生労働省職業安定局障害者雇用対策課（2021）「令和3年度障害者雇用状況の集計結果」。

12）依田隆男（2019）「第1章　視覚障害者の職業的課題と先行調査研究」、障害者職業総合センター『調査研究報告書No.149—視覚障害者の雇用等の実状及びモデル事例の把握に関する調査研究』、13頁。

13）平川政利（2009）「第2章第1節　教育・訓練施設に在籍する視覚障害者の就職に対する意識調査」、障害者職業総合センター『調査研究報告書No.91』24–25頁。

14）依田隆男（2019）「第1章　視覚障害者の職業的課題と先行調査研究」、障害者職業総合センター『調査研究報告書No.149—視覚障害者の雇用等の実状及びモデル事例の把握に関する調査研究』、13–15頁。

15）同上、7–22頁。

16）同上、28–65頁。

17）文部科学省（2017）「第1章総則　第5節1（3）」、『特別支援学校小学部・中学部学習指導要領（平成29年告示）』、71頁。

18）文部科学省（2019）「第1章総則　第2節第2款3（6）ア」、『特別支援学校高等部学習指導要領（平成31年告示）』、49頁。

19）青柳まゆみ・鳥山由子（2020）『新視覚障害教育入門』ジアース教育新社、120–131頁。

20）日本理療科教員連盟組織部（2020）『令和元年（平成31年度）卒業生実態調査』、6–11頁。

21）瀬沼健司ほか（2017）「障害者が利用できるサービス」、『障害者総合支援法のすべて』ナツメ社、96–103頁。

22）函館視力障害センター（2016）『視覚障害者支援ハンドブック』国立障害者リハビリテーションセンター自立支援局、20–25頁。

23）若倉雅登ほか（2017）「眼球使用困難症候群としての眼瞼痙攣」、『神経眼科』34（4）、421–428頁。

24）若倉雅登ほか（2021）「羞明等の症状により日常生活に支障を来たしている方々に対する調査研究報告書」社会システム株式会社、208頁。

（柏倉秀克）

索　引

ア行

ICT 機器　40, 43, 46, 108
アッシャー症候群　143–144
暗順応　23, 26
あん摩マッサージ指圧師、はり師、きゅう
　　師等に関する法律　170
石川倉次　2–3, 92
インクルーシブ教育システム　iii, 2, 4, 8,
　　157, 164
Web 会議システム　114, 126, 127
遠隔感覚　19
応答関係　138
オブジェクト・キュー　144
音声読書システム　122

カ行

介護保険制度　176
ガイド歩行（手引き歩行）　100
概念形成　32, 34, 44, 47, 133, 139–140, 148,
　　162
拡大教科書　54–56, 72, 126
拡大読書器　56, 60, 62, 120–121, 124
核になる体験　150
学校教育法施行令　iii, 2, 5, 8, 37, 40, 129–
　　130
画面拡大ソフト　124
眼球運動　23, 27
感光器　53, 55, 63
キャリア教育　165, 173–174

教育職員免許法　13–14
共生社会　2, 4, 8, 105
京都盲唖院　1–3
屈折　23, 26, 27
　　──異常　26–27, 31, 84, 130
　　──矯正　30
　　──力　20, 27, 30
クロックポジション　47
光覚　23–24, 26
行動観察　78, 134–136, 157
合理的配慮　8, 11, 37–38, 41, 72, 112–113,
　　163–164, 172
交流及び共同学習　10, 13, 127
個別の指導計画　71, 76, 88, 100, 109, 129,
　　132, 136–137

サ行

最大視認力　66, 77–78, 85–86
作図器セット　53, 64
サテライト教室　42–43
サーモフォーム　59
視覚器　19–20
視覚伝導路　20–21
色覚　21, 23, 26, 31–32
視機能　23, 26, 28, 30, 40–42, 56, 62, 66–67,
　　72, 85, 168, 179
　　──検査　77, 83–84
　　──障害　5, 40, 130
　　──評価　135, 157
実態把握　32, 35, 71, 73, 76–77, 88, 129,

132–134, 137, 142, 144

自動点訳ソフト　117–118

指導内容の精選　45, 49

視野　23, 25–26, 31, 33, 45, 48, 78–79, 87,
　　121, 135, 139, 178

　　——狭窄　31, 144

　　——計　25, 78

　　——検査　25–26, 77–78

弱視特別支援学級　iii, 4, 10, 12, 14–16, 38,
　　41, 114, 126

弱視レンズ　40, 56, 60–62, 68, 71–72, 74–
　　75, 78, 80, 82–88, 164

就学先の決定　8, 37

障害者基本法　2, 7, 165

障害者雇用率制度　170

障害者差別解消法　iii, 2, 7

障害者総合支援法　165, 169, 176–177

障害者の権利に関する条約　iii, 2, 7

障害者の雇用の促進等に関する法律　169

障害福祉サービス　165, 176, 177

触知覚　95

触覚活用　132, 134, 136

自立活動　80, 82, 87–88, 96, 100–101

　　——の内容　42, 72–73

　　——の目標　71

視力　24–25, 28, 31–32, 38, 40, 45, 48, 51,
　　66, 77–79, 84–86, 130, 135, 139, 154, 178

　　——検査　24, 77

　　——値　28, 78, 86

身体障害者福祉法　167–168

スクリーンリーダ　123–124

3Dプリンタ　120

生活技能科　174

センター的機能　16–18, 145

操作　32–33, 44, 58, 61–62, 83, 88, 91, 98,
　　107–108, 112, 115, 123–126, 136, 139–
　　140, 147, 159, 161

タ行

体験　44–45, 47, 49, 105, 150–153, 162

対座法　25, 79

タッチ・キュー　144–145

探索活動　133, 138–139

チャージ症候群　143

調節　20, 22–23, 26–27, 62

重複障害　9, 24, 31, 40, 96, 98, 129–134,
　　136–140, 145

通級による指導（弱視）　iii, 4, 11–12, 38,
　　41–42

通常の学級　4, 10–12, 38, 41–42

DAISY図書　123

デジタル教科書　53, 56–57, 125–126

点字エディタ　116–117

点字教科書　37, 53–55, 64, 92, 95–96, 126

点字指導　38, 40, 74, 91, 94–96, 98–99, 109,
　　164

点字習得に必要となる力　94

点字タイプライター　57–58, 75, 95, 97–98

点字ディスプレイ　116–117, 121–122

点字盤　57–58, 95, 97–98, 167

点字プリンタ　60, 117–119

点図　59–60, 105, 118

点図編集ソフト　118–119

同行援護　177

特別支援学校学習指導要領　42, 100

特別支援学校（視覚障害）　iii, 4–10, 12–14,
　　16–18, 29–30, 37, 53–54, 58–59, 80, 113–
　　114, 116, 119–120, 126, 130–131, 145,
　　165, 169, 172–176, 179

特別の教育課程　41–42

ハ行

パーキンスブレイラー　97–98

白杖　75, 100–103, 105–108, 177

発達の壁　149

バーバリズム　44

PDCA サイクル　76
表面作図器　53, 59–60, 64, 75
ヘルスキーパー　175–176
弁別能力　94–95
歩行訓練士　101
歩行指導　40, 74, 91, 93, 95, 99–102, 106, 109, 164
歩行に必要な基礎的な資質・能力　100–101
ボディイメージ　75, 95, 101

マ行

明順応　23, 26
盲学校　iv, 1–6, 9, 16–17, 37–38, 40, 42, 51, 74, 80, 91, 98, 100–101, 106, 155–156, 167–169, 175
盲人用そろばん　65
盲点（マリオット盲点）　21
盲ろう　129, 138, 141–144

模倣　41, 45, 147–148

ヤ行

UD ブラウザ　121

ラ行

楽善会訓盲院　1–3, 166
ランドルト環　23–24, 78, 84–86
立体コピー　59, 119–120
立体コピー機　119–120
両眼視　23, 27
理療業　165–167, 170–172, 174, 179
理療教育　167–168, 174, 179
ルイ・ブライユ　3, 91–92
レーズライター　60, 163
6区分27項目　72–73

［監修者］

宗戸和成（ししど・かずしげ）

独立行政法人国立特別支援教育総合研究所前理事長。

専門は、聴覚障害教育。東京教育大学教育学部特殊教育学科卒業。

主著に『聴覚障害教育の歴史と展望（ろう教育科学会創立50周年記念）』（共著、風間書房、2012年）など。

古川勝也（ふるかわ・かつや）

元西九州大学教授。

専門は、肢体不自由教育。長崎県立諫早養護学校教諭、長崎県教育庁指導主事、文部科学省初等中等教育局特別支援教育課特殊教育調査官（肢体不自由担当）、長崎県教育庁特別支援教育室長、長崎県立諫早特別支援学校長、長崎県教育センター所長、西九州大学子ども学部子ども学科教授を歴任。

主著に『自立活動の理念と実践　実態把握から指導目標・内容の設定に至るプロセス 改訂版』（編著、2020年、ジアース教育新社）。

徳永　豊（とくなが・ゆたか）

福岡大学人文学部教育・臨床心理学科教授。

専門は、特別支援教育、発達臨床。1960年生まれ。九州大学大学院教育学研究科博士課程中退。

主著に『障害の重い子どもの目標設定ガイド　第2版』（編著、慶應義塾大学出版会、2021年）、『新 重複障害教育実践ハンドブック』（共著、全国心身障害児福祉財団、2015年）。

［編者］

小林秀之（こばやし・ひでゆき）　第4章、第5章

筑波大学人間系障害科学域准教授。

専門は、視覚障害学。

1965年生まれ。筑波大学大学院博士課程心身障害学研究科心身障害学専攻中途退学。

主著に『特別支援教育——共生社会の実現に向けて』（編著、ミネルヴァ書房、2018年）、『新訂版 視覚障害教育入門Q＆A』（分担執筆、ジアース教育新社、2018年）など。

澤田真弓（さわだ・まゆみ）　第1章、第2章、第8章

国立特別支援教育総合研究所研修事業部上席総括研究員。

専門は、特別支援教育、視覚障害教育。

1959年生まれ。筑波大学大学院修士課程教育研究科修了。

主著に『特別支援教育（アクティベート教育学 7）』（共著、ミネルヴァ書房、2019年）、『特別支援教育の基礎・基本 2020』（共著、ジアース教育新社、2020年）など。

［著者］

青木隆一（あおき・りゅういち）　第3章、第6章

千葉県立千葉盲学校校長。

専門は、特別支援教育、視覚障害教育。

1965年生まれ。

主著に『見えない・見えにくい子供のための歩行指導Q＆A』（監修、ジアース教育新社、2016年）、『新訂版 視覚障害教育入門Q＆A』（監修、ジアース教育新社、2018年）など。

西村崇宏（にしむら・たかひろ）　**第7章**
国立特別支援教育総合研究所研修事業部主任研究員。
専門は、人間工学、視覚障害教育。
1985年生まれ。早稲田大学大学院人間科学研究科博士後期課程修了。
主著に『インクルーシブ教育システムを進める10の実践』（共著、ジアース教育新社、2021年）、
『特別支援教育の基礎・基本2020』（共著、ジアース教育新社、2020年）など。

森まゆ（もり・まゆ）　**第9章**
広島大学大学院人間社会科学研究科教育科学専攻講師。
専門は、視覚障害教育。
1979年生まれ。筑波大学大学院人間総合科学研究科障害科学専攻博士後期課程修了。
主著に「第5章　弱視児の教育」（『新・視覚障害教育入門』分担執筆、ジアース教育新社、2020年、
50-59頁）など。

柏倉秀克（かしわくら・ひでかつ）　**第10章**
桜花学園大学大学院人間文化研究科人間科学専攻教授。
専門は、特別支援教育、視覚障害教育、障害者福祉。
1956年生まれ。日本福祉大学大学院社会福祉学研究科博士課程修了。
主著に『医療福祉学総論』（共著、金芳堂、2017年）、『障害者総合支援法のすべて』（監修・編著、
ナツメ社、2017年）など。

シリーズウェブサイト　https://www.keio-up.co.jp/tokubetsu/

特別支援教育のエッセンス
視覚障害教育の基本と実践

2023 年 2 月 20 日　初版第 1 刷発行

監修者————宍戸和成・古川勝也・徳永　豊
編　者————小林秀之・澤田真弓
発行者————依田俊之
発行所————慶應義塾大学出版会株式会社
　　　　　　〒 108-8346　東京都港区三田 2-19-30
　　　　　　ＴＥＬ〔編集部〕03-3451-0931
　　　　　　　　　〔営業部〕03-3451-3584〈ご注文〉
　　　　　　　　　〔　〃　〕03-3451-6926
　　　　　　ＦＡＸ〔営業部〕03-3451-3122
　　　　　　振替 00190-8-155497
　　　　　　https://www.keio-up.co.jp/
装　丁————中尾　悠
組　版————株式会社キャップス
印刷・製本——中央精版印刷株式会社
カバー印刷——株式会社太平印刷社

©2023 Kazushige Shishido, Masaya Furukawa, Yutaka Tokunaga,
Hideyuki Kobayashi, Mayumi Sawada, and Contributors
Printed in Japan ISBN978-4 7664-2861-2

慶應義塾大学出版会

特別支援教育のエッセンス 全5巻

宍戸和成・古川勝也・徳永 豊［監修］

視覚障害教育、聴覚障害教育、知的障害教育、肢体不自由教育、自閉スペクトラム症教育の「基本と実践」をまとめた特別支援教育テキストの決定版！

●本シリーズのポイント

① 障害種ごとに 1 冊ずつ完結させることで、内容や範囲を把握しやすく、学びやすい
② 学校現場の悩みや戸惑いに対応し、困りごとに対する解決の方向性を示している
③ 学生、特別支援学校教員（特に新任者）を主に対象とし、講義や研修で使いやすい章構成
④ これまでの教育実践を踏まえて、オーソドックスな内容とし、「基本」に徹している
⑤ ICT 活用や合理的配慮、キャリア支援など、今日的な課題にも対応
⑥ 特別支援教育を担当する教員だけでなく、家族や支援を行う専門職へも有益な情報を提供

視覚障害教育の基本と実践

小林秀之・澤田真弓［編］　　　　　　　　　定価2,420円（本体価格2,200円）

聴覚障害教育の基本と実践

宍戸和成・原田公人・庄司美千代［編］　　　　定価2,420円（本体価格2,200円）

知的障害教育の基本と実践

佐藤克敏・武富博文・徳永 豊［編］　　　　　定価2,420円（本体価格2,200円）

以下、続刊

肢体不自由教育の基本と実践

徳永 豊・吉川知生・一木 薫［編］

自閉スペクトラム症教育の基本と実践

肥後祥治・齊藤宇開・徳永 豊［編］